공부만
잘하는
괴물로
키울 수는
없습니다

"초경쟁사회 대한민국에서
아이를 낳아 키우고 있는 모든 부모님들과
함께하기를 바라며…"

당신은 당신의 아이가 어떤 사람이 되기를 바라십니까?

공부만 잘하는 괴물로 키울 수는 없습니다

소피(김민영) 지음

나비의 활주로

추천사

이탄희(전 국회의원)

『공부만 잘하는 괴물로 키울 수는 없습니다』는 교육서가 아닙니다. 이 책은 혼란스러운 시대에 제정신으로 살아보려 애쓴 한 사람의 분투기이자 고백록입니다. '아이를 어떻게 키울 것인가'라는 질문을 스스로에게 던지고 수없이 흔들리면서도, '사랑으로 가득한 삶을 살겠다'는 목적을 끝내 포기하지 않는 한 인간의 모습이 우리에게 깊은 용기를 줍니다.

이 책의 힘은 놀라울 만큼의 솔직함에 있습니다. 아이에게 문제집을 던졌던 날의 절망, '이러다 내가 괴물이 되겠구나'라는 자각, 그리고 그 뒤를 이은 긴 회복의 여정이 단 한 줄도 미화되지 않습니다. 그 생생한 기록은 독자를 단숨에 빨아들일 만큼 강력하고, 저자는 그 과정을 통해 괴물성의 본질이 '불안의 노예'에서 출발한다는 현실을 인지합니다. 그리고 그 불편한 진실을 인정하는 순간, 그는 비로소 그 순환의 고리를 끊어낼 힘을 얻습니다.

그 깨달음 이후의 저자의 언어는 놀라울 만큼 밝고 경쾌합니다. 그래서 이 책은 의외로 재밌습니다. 하루 일과를 마치고 집에 모여 함께 깔깔대며 웃고, 서로의 볼을 부비는 저자와 세 아이의 모습이 눈앞에 그려집니다. '7세 고시'와 '소아 우울증'이 만연한 대한민국의 디스토

피아 속에서, 이 고백록은 길 잃은 부모와 아이들에게 한 줄기 희망의 빛이 되어줄 것입니다.

신용한(대통령 직속 지방시대위원회 부위원장)

교육은 한 나라의 미래와 지속 가능한 발전을 결정짓는, 가장 근본적이고 중요한 요소입니다. 그렇기에 '4세 고시'로 대변되는 근래의 교육 시장을 바라볼 때 불안한 마음을 지울 수 없습니다.

또한 전 국민을 충격에 빠트린 12.3 내란의 주도 세력이, 대한민국을 이끌던 초 엘리트 집단이었다는 사실을 생각하면 우려는 더욱 깊어집니다. 이러한 상황에서 『공부만 잘하는 괴물로 키울 수는 없습니다』의 출간은 더없이 반갑습니다.

성적에 매몰되는 교육이 아닌, 자녀가 스스로 올바른 성인으로 성장하게 하는 '참 교육'이 무엇인지 생생하게 담겨 있기 때문입니다. 부모님, 선생님은 물론 한국 교육계에 조금이라도 관심이 있는 모든 분들에게 강력히 추천하는 바입니다.

이윤호(고창서점마을 촌장, 전 성공회대 교수)

그녀는 힘이 세다. 아마도 '엄마'이기 때문일 것이다. 그녀는 416참사 때 단 1분도 주저함 없이 광화문으로 달려 나갔고, 윤석열 정권의 광기에 단 한 번도 주저함이 없었다. 그러나 그녀의 엄마 됨은 언제나

성찰적이었고 괴물과 싸우되 괴물과 닮지 않으려 했다. 무엇보다 그녀는 그 괴물의 정체가 먼 곳에서 갑자기 날아온 무엇인가가 아니라 우리 안에, 우리의 역사 안에 머금고 있었음을 통찰한다. 초경쟁사회의 입시의 현실, 그 안에 숨 못 쉬고 박제화가 된 아이들의 표정이 그 괴물이 성장하게 하는 숙주인 것이다. 똑같은 교과서에 똑같은 시간 똑같은 방식으로 교육되는 표준화 교육은 균질한 노동력을 양성하고, 그 안에서 벌어지는 무한경쟁, 서로를 밟지 않으면 밟히는 과도한 서열사회.

무엇보다 그녀는 '엄마'들과 소통하고 연대했다. '우리들의 숨 쉬는 터전'(우숨터)을 조직하고 함께 고민을 나누고 치열하게 함께 공부했다. 언제나 아이들이 '소란스럽게' 함께 했다. 그러나 아무도 제지하지 않았다. '안 된다고, 하지 말라고' 명령이나 훈계하지 않았다. '괜찮다고, 자꾸 해보라고' 그야말로 마을이 함께 키우고 마을이 함께 나눈다.

이 책은 질문이다. 정말 이래도 괜찮냐고, 우리는 어디로 가고 있냐고, 무엇을 꿈꾸냐고. 정말 가슴 졸이며 먹먹하게 이 질문들과 조우해야 한다. 진정 우리 모두는 평화를 꿈꾸기에 오래전 신동엽 시인이 말하듯 '대통령의 이름은 몰라도 꽃 이름, 새 이름, 작가, 지휘자 이름을 아는' '뒷주머니에 시집하나 꽂고 다니는' 그런 세상, 그야말로 제자리로 돌아가는 세상을 꿈꾸기 때문이다.

김찬호(성공회대 교육대학원 초빙교수)

한국의 부모들은 자녀 교육에 엄청난 공을 들이지만, 아이들의 불행 감각은 점점 날카로워진다. 치열한 경쟁에서 고지를 점령해도 자신을 돌보지 않은 대가를 톡톡히 치러야 한다.

무모한 질주에서 풀려나는 길은 어디에 있을까? 세 아이를 키워온 저자는 양육 과정에서 불안과 혼란을 종종 겪었지만, 점수로 평가되지 않는 내적 역량에 더 주의를 기울였다. 저마다의 잠재력이 펼쳐지는 과정을 긴 호흡으로 지켜보며 정성을 다해 지원하고 격려했다. 그 결과 아이들은 자기 나름의 생애 경로를 의연하게 열어가고 있다. 이 책은 성공담을 늘어놓는 것이 아니라, 부모로서 성장의 경험을 많은 이들과 나누고자 쓰였다.

오직 시험만으로 권력을 얻은 엘리트들이 나라를 망가뜨리는 현실에서 우리의 자녀들이 보다 인간적인 세상의 주역으로 성장하도록 어른들이 각성하고 협력하기를 저자는 소망하고 있다. 그러려면 꾸준한 공부가 뒷받침되어야 하는데, 이 책에는 부모의 지성을 드높여주는 여러 명저들이 친절하게 소개되고 있다. 저자가 자신의 소신을 꿋꿋하게 지탱할 수 있었던 또 하나의 버팀목은 가치와 비전을 공유하는 부모들의 커뮤니티 우숨터였다. 거센 시류에 흔들리기 쉬운 마음을 서로 도닥이며 벗님들이 동행해온 길은 은은하게 빛난다. 우리는 이 책을 통해 교육 공동체의 상상력을 경쾌하게 넓혀갈 수 있다.

PROLOGUE
괴물들이 판치는 세상을 보며

2024년 12월 3일, 우리는 역사에 길이 남을 참으로 '어처구니없는 사건'을 경험했다. 바로 계엄. 21세기, 모든 사람이 핸드폰을 들고 살며, 실시간 네트워크 전송이 가능한 최첨단 사회 대한민국에서, 군대를 장악하지도 못한 채, 말도 안 되게 허술했던 일명 '3시간짜리 계엄'이다. 그냥 계엄도 역사에 남을 일인데, 이렇게 어처구니없는 계엄이라니! 역사에 길이길이 남고도 남을 일이 아닌가.

그런데 더 어처구니없는 것은 이 계엄이 그냥 계엄이 아니라 '경고성 계엄'이었다는 것이다. 야당이 하도 말을 안 들어 압박용으로 계엄을 했다는 것이다. 마치 상대가 말을 안 들어 인상을 좀 세게 썼다는 투다. 목소리를 무섭게 하고, 공포감을 좀 조성했다는 것이다. 그것뿐이라는 것이다. 군인들을 좀 보내긴 했지만, 그 또한 겁을 좀 주려고 했던 것뿐이지 실제 누굴 '수거'하거나 '제거'할 의향이 있었던 것은 아니라는 것이다. 그냥 좀 화가 나고 답답해서 그랬다는 것이다. 살다 보면 그럴 수도 있는 거지, 그게 무슨 큰 잘못이냐고 당시 계엄을 명했던 전 대통령은 항변했다.

거짓말이다. 당연히 사실이 아니다. 내란수괴라는 엄청난 죄명을 벗어나기 위해 거짓말을 한 것이다. 거짓말은 거짓말을 낳아, 헌법재판소의 탄핵 심판이 진행되는 동안 눈덩이처럼 불어났다. 이 과정에서 웃지 못할 일도 여럿 있었다. 대표적인 것이 국회에서 빼라고 지시한 것은 국회의원이 아니라 국회 '요원'이었다는 전 대통령 변호인단의 주장. '또 듣기평가야?' 국민은 되지도 않는 변명을 늘어놓는 전 대통령과 그의 변호인단을 보며 기가 차 말을 잃었었다. 게다가 전 국민이 지켜보고 있음에도 불구하고, 한 치의 머뭇거림도 없이, 손톱만큼의 부끄러움도 없이 거짓말을 일삼는 대통령이라니! '지금 우리가 보고 있는 이 장면들은 무엇이란 말인가?' 당시 우리가 느낀 참담함은 이루 말할 수 없다.

또 이 어처구니없는 거짓말과 함께 모든 책임을 부하들에게 전가하는 대통령의 모습은 실망을 넘어 우리에게 충격을 안겨주었다. "아… 저런 사람이 어떻게 대통령이야…." "외국 사람들 만나면 창피해요…." 곳곳에서 탄식이 터져 나왔다. 계엄을 했다는 그 자체에 대한 분노도 분노지만, 만천하에 드러난 '그의 수준'에 대한 창피함이란! 그나마 우리의 자존심을 지켜준 것은 계엄 당일 국회 앞에서 맨몸으로 탱크를 막아낸 용감한 시민들과 국정조사 과정에서 진실을 밝히며 자신을 처벌해 달라고, 부하들은 아무 잘못이 없다고 호소한 일부 군 장성들이 아닌가. 자신이 무슨 일을 해야 하는지도 모르고 부끄러움도 모르는 대통령보다 시민들과 군인들이 훨씬 훌륭한 나라, 대한민국.

그런데 '자신이 무슨 일을 해야 하는지도 모르고 부끄러움도 모르는' 이가 비단 전 대통령 한 사람 뿐이었을까? 계엄사태를 수습하는 과정에서 우리는 그렇지 않다는 것을 두 눈으로 똑똑히 확인했다. 대한민국 국무위원들이 보여준 모습, 총리와 부총리 두 사람의 대통령 권한대행이 보여준 모습, 탄핵심판 과정에서 일부 헌법재판관들이 보여준 모습, 대법원의 일부 대법관들이 보여준 모습은 부끄러움을 모르는 수준을 넘어 국민을 기만하는 지경에 이르렀었다. 국민으로부터 부여받은 권한을 이용해 자신들의 안위를 지키고, 자신들의 패거리를 옹호하는 모습에서 우리는 우리 사회의 정의가 땅바닥에 내동댕이쳐지는 것을 보았다. 대체 저들에게 '국가의 주요 직책을 맡는다'는 것은 무슨 의미인가? 대체 저들에게 국민으로부터 권한을 부여받는다는 것은 무슨 의미인가? 우리에게 지난 6개월은 바로 이러한 질문들에 답을 확인하는 시간이 아니었나 싶다. 그리고 그 답과 관련해, 소위 이 나라의 엘리트라 불리는 사람들과 우리 국민들이 내리는 답 사이에는 생각보다 큰 간극이 존재한다는 것을 확인하는 시간이 아니었나 싶다.

그런데 생각해보면 이것이 갑작스러운 상황은 아니다. 대한민국 엘리트 집단에 무언가 심상치 않은 문제가 있음은 이미 오래전부터 무수히 지적되어 왔다. 학연 지연을 바탕으로 카르텔을 형성하며 자신들만의 아성을 쌓아가는 권력 집착적 모습, 돈과 결탁하여 경제적 이익을 탐하며 이를 능력이라 우기는 어처구니없는 모습, 그러면서 무책임하고 무능하기까지 한 그들의 모습이 범국민적 우려를 야기한 지는 오래다. 정부 고위관료, 고위 언론인, 대기업 고위층, 검찰을 위시한 법조계 인사들을 향해 '쓰레기 엘리트'라는 무참한 신조어가 생긴 것도 이 때문. 물론 모두 다 그런 것은 아니다. 그러나 이번 계엄사태에서 우리가 또 하나 확인한 것은 그 규모와 범위가 우리가 생각했던 것보다 훨씬 크고 광범위하다는 것. 대통령 한 명만 이상한 것이 아니라는 말에는 이를 구체적으로 확인한 것에 대한 충격과 우려가 깊게 내포되어 있을 것이다. 대체 왜 이렇게 되었을까?

이에 대해 중앙대학교 김누리 교수님은 "한국의 경쟁 교육이 초래한 당연한 결과"라 이야기하신다. 경쟁, 우열의 논리가 지배하는 교실에서 12년간 교육받아 온 아이들, 그중에서도 그 교육을 너무 잘 받아 1등을 한 아이들이라면, 과연 어떤 사람이 되겠느냐고 김 교수님은 우리에게 다시 물으신다. 그러면서 이번 12.3 계엄사태가 바로 이 질문에 대한 답이라고 이야기하신다. 지금까지 엘리트들이 단지 위선적이고 무책임하기만 했던 것을 그나마 다행으로 여겨야 할 지경이라는 것이다. 이번처럼 나라 전체를 엉망으로 만들 수도, 국가를 존폐 위기에 처하게 할 수도 있는 일이라는 것이다. 충격적인 결과다. 겉으로는 우리 사회를 이끌어갈 똑똑하고 능력 있는 리더들을 육성하는 것 같았지만, 실제로는 자기밖에 모르고 돈과 권력에 눈이 먼 엘리트들, 우월의식과 특권의식에 사로잡혀 자신들만의 세상을 만드는 일군의 엘리트 집단을 양성해 왔다는 것이다. 경쟁 교육이 그래왔다는 것이다. 그 결과 우리에게 도래한 세상은 '괴물들이 판치는 세상'.

더 심각한 문제는 그러한 경쟁 교육이 지금 이 순간에도 여전히 진행 중이라는 것이다. 아니, 갈수록 더욱 심각해지고 있다는 것이다. 7세 고시에 이어 4세 고시도 등장했다는 뉴스가 나온다. 청소년 우울증이 이제는 어린이, 유아 우울증으로 낮아지고 있다는 소식도 들린다. 도대체 우리는 지금 무슨 짓을 하고 있는 것일까?

몇 해 전 모 대학 학생들이 학내에서 시위하던 청소노동자들을 상대로 학습권 침해 소송을 낸 사건이 있었다. 청소노동자들의 집회로 피로감, 불쾌감, 수면 방해 등의 정신적 피해를 입었음은 물론이고, 지속적인 소음으로 수업의 질이 저하되었다는 것이다. 당시 청소노동자들의 요구사항은 시급 400원 인상과 샤워실 설치. 학생들이 청소노동자들에게 요구한 손해배상액은 수업료와 정신과 진료비를 합친 약 638만 원 상당. 이 사건에 대해 어떻게 생각하는가? 또 다른 사건도 있었다. 모 대학 게시판에 학벌주의가 더 강화되었으면 좋겠다는 글이 올라온 것이다. 작성자는 "자신보다 더 낮은 대학 출신이 더 높은 기업에 입사하거나 더 많은 돈을 버는 일이 없었으면 좋겠다."라고 썼다. 자신이 어떻게 해서 그 대학에 들어갔는데. 평생 그 서열이 뒤바뀌지 않았으면 좋겠다는 것이다. "공무원 시험도 어떤 직급 이상은 특정 학교 이상의 졸업생들만 지원 가능하도록 아예 분리를 했으면 좋겠다."라는 이야기도 했다. 그렇지 않으면 공무원 시험은 학벌세탁의 가장 좋은 수단이 될 것이라고 경고하면서 말이다. 40~50대 기성세대가 아닌, 아직 사회생활을 시작하지도 않은 20대 젊은 대학생이 작성한 글이다. 그리고 이 글에는 수백 개의 지지하는 댓글이 달렸다. '더불어'가 아닌, '내가 왜?'를 선택하는 젊은이들. 누가 이 젊은이들을 이렇게 만들었을까? 이들이 40~50대가 되어 우리 사회의 주요 직책을 맡고 지도층이 된다면 우리 사회에는 과연 어떠한 일들이 벌어질까? 지금 우리는 이러한 질문들에 답을 해야만 한다. 그러나 우리 사회는 이러한 질문에 답은커녕, 이를 외면한 채 더욱더 질주만 하고 있다. 우리 부모들의 고민은 여기서 시작된다. 이러한 사회에서 우리는 아이들을 어떻게 키워야 하는가?

한번은 함께 책을 읽는 부모님들과 "당신은 당신의 아이가 어떤 사람이 되기를 바라시나요?"라는 질문에 답을 나눈 적이 있다. "자기 자신을 사랑하는 사람", "타인과 더불어 사는 사람", "행복한 사람" 등등. 그 어디에도 "좋은 대학 가서 좋은 직장에 취직해 돈 많이 버는 사람"이라는 대답은 없었다. 실제 속마음은 그렇지만, 겉으로 그럴싸한 대답을 한 것 아니냐고? 아니다. 그렇지 않다. 사회는 폭주하지만, 그래서 모든 부모가 아이들 손을 잡고 뛰기만 할 것 같아 보이지만, 실은 우리 부모들 마음은 그렇지 않다. 부모이기 때문이다. 아이들을 사랑하기 때문이다. 아이들이 열심히 공부하고 능력을 키우는 것은 중요하지만, 그 과정에서 중요한 무언가를 잃기를 바라지는 않기 때문이다. 우리 소중한 아이들이 온전한 한 사람의 성인이 되기를 바라지, 공부만 잘하는 사람이 되기를 바라지는 않기 때문이다.

그런데 초경쟁사회 대한민국에서는 그것이 쉽지가 않다. 그래서 우리 부모들은 힘들다. 사교육비가 많이 들어서 힘든 것이 아니다, 아이들 공부시키기가 지치고 힘들어서 그런 것이 아니다. 부모로서의 가장 기본적인 마음이 지켜지지 않기 때문에 힘든 것이다. 하여, 혼자 숨죽여 우는 부모도 많다. TV를 통해 극단적인 소식이 전해오기라도 하는 날엔 더더욱 그렇다. 어떻게 해야 하나, 왜 이렇게까지 해야 하나 하면서 말이다. 나 또한 그랬다.

아이를 키운다는 것은 본래 힘든 일이다. 물리적으로 힘에 부친다는 의미도 있지만, 아이를 키운다는 것은 '사람이 사람을 키우는 일'이기에 보통 복잡하고 어려운 일이 아니다. 하물며 초경쟁사회 대한민국에서라니! 우리 사회는 사람이 사람을 키운다는 그 힘든 일을 두 배 세 배 네 배 다섯 배는 더 힘들게 만든다. 이제 세상이 바뀌어 조금은 희망을 품을 수 있는 시절이 도래한 듯도 하다. 그러니 조금만 더 기다려보라고들 한다. 그러나 교육부장관 인선도 제대로 이루어지지 않고 있는 모습을 보며, 우리 부모들의 한숨은 또다시 깊어진다. 과연 아이 키우기 좋은 사회는 언제쯤 만들어질 것인가? 공부만 잘하는 괴물이 아닌, 온전한 한 사람의 성인으로 아이들을 키울 수 있는 세상은 언제쯤 가능할 것인가. 하여, 이제는 우리가 나서야 할 때가 아닌가 싶다. 생각해 보면 우리야말로 우리 사회 경쟁교육의 폐해를 온 삶으로 겪어내고 있는 장본인이요, 당사자가 아닌가.

우리가 비록 정책결정자는 아니지만, 우리가 비록 교육책임자는 아니지만, 이 사회에서 아이를 낳고 키우는 사람으로서, 사랑하는 우리 아이들을 지켜야 하는 부모로서 우리는 만날 필요가 있고, 만나야 한다. 더 이상 기다리고 지켜보는 존재에 머물러서는 안 된다. 이 책은 그런 바람에서 내미는 나의 손이다. 먼저 건네는 나의 이야기이다.

이 이야기를 책으로 펴내기까지 음으로 양으로 도움을 주신 많은 분들이 계신다. 가장 먼저, 2012년도 어느 겨울 내게 『어린이의 세기』(엘렌 케이 저)를 추천해 주시며 "소피샘이 읽어보시면 좋을 것 같아서요."라고 권해주신 이윤호 선생님께 감사드린다. 선생님과 엘렌 케이의 책이 아니었으면 나와 우리 아이들이 폭풍 같은 대한민국의 경쟁 시스템에서 지금과 같이 건강한 모습으로 살아남을 수 있었을까 싶다. 지금과 같이 주체적으로 행복하게 사는 사람들이 될 수 있었을까 싶다. 선생님은 이리 될 줄 알고 계셨을까? 나는 가끔 궁금하다. 다음은, 만나면 아이들 얘기에 날 새는 줄 모르고 이야기를 이어가게 되는 콘텐츠 기획자 이진아 선생님께 감사드린다. 선생님이 아니었으면 나의 졸렬한 글들이 과연 책이라는 엄청나게 멋진 옷을 입고 세상에 나올 수 있었을까 싶다. '돌' 보기를 '황금'같이 하시는 이진아 선생님 덕분에 부족한 내가 세상에 나의 생각을, 나의 경험을 이야기할 수 있게 되었다고 생각한다. 정말 감사한 일이다. 또한 이 어렵고 무거운 주제를 책으로 엮어 세상에 내어놓는 일에 기꺼이 도움을 주시겠다 나서주신 도서출판 '나비의 활주로' 나성원 대표님께도 감사의 마음을 전한다. 어떤 마음으로 함께해 주시겠다 하셨을지 짐작하고도 남음이 있기에 더더욱 그러하다. 부디 그 마음에 이 책이 조금이나마 부응할 수 있기를 간절히 바란다.

내게 세상에 대한 비판적 안목을 심어주시고, 그것을 말과 글로 옮겨낼 수 있는 힘을 길러주신 한국토론대학 K 교수님께도 각별한 감사의 마음 전한다. 말과 글은 날개다. 교수님은 내게 날개를 달아주신 셈이다. 이 날개가 세상에 유용하게 쓰일 때, 교수님께 진 마음의 빚을 다 갚을 수 있는 것이라 생각한다. 또 지난 해 여름 독일이라는 머나먼 이국땅에서 우연히 만나 지금까지 귀한 인연을 이어오고 있는 J 가족에게도 감사의 마음 전한다. 그 우연한 인연으로 나는 아이들을 키우는 문제에 대해 무언가를 써야겠다는 마음을 처음 품게 되었으며, 이후 흐지부지되어버릴 뻔한 숱한 순간에도 무한한 신뢰와 응원으로 나를 다시 일으켜 세워 주었다. 인연이란 정말 알다가도 모르는 것이다.

내가 길을 잃고 헤매는 순간에도 늘 나를 믿고 나에게 기대며 끝까지 함께해 준 나의 사랑하는 세 아이 Y, P, J에게도 사랑과 감사의 마음

전한다. 우리에게 지난 20년은 서로가 서로를 밀어주고 당겨주며 무에서 유를 창조해 낸 시간이었다. 폭풍 같은 경쟁 교육의 한복판에서 우리의 향기를 잃지 않고 울창한 산림을 만들어온 시간이었다. 그 과정 속에서 Y, P, J는 어린아이에서 성인이 되었고, 나 또한 그러했다. 돌이켜 보면, 대단한 도전이었고, 성취였고, 기쁨이었다. 이 모든 것이 부족한 엄마였던 나를 응원하고 지지하며 믿고 함께해 준 참으로 속 깊고 따뜻한 Y, P, J 덕분이라 생각한다. 너희들의 엄마라는 것이 자랑스럽다. 사랑한다. 또한 이 모든 과정을 묵묵히 지켜보며 든든한 버팀목이요 방패막이가 되어 준 나의 영원한 동반자 M에게도 감사와 사랑의 마음 전한다. 그는 항상 내가 하는 모든 생각과 문제의식에 크나큰 애정을 가지고 귀 기울여 주었으며, 그 모든 문제를 온전히 내 방식으로 풀어나가는 것에 언제나 적극적인 지지와 응원을 보내주었다. 이는 내게 그 어떤 것보다 큰 사랑으로 다가왔음을 이 자리를 빌려 고백한다. 누가 이렇게까지 내 편이 되어 줄 수 있을까. 생각하면 생각할수록 감동이고, 감사하다.

마지막으로, 지난 10년간 나와 함께 울고 웃으며 아이들을 키워 온 우리 우슘터 벗님들께 진심으로 감사의 마음 전한다. 다른 사회라면 모를까, 한국 사회에서 "아이들의 내면을 소중히 여기며 매 순간 아이들이 스스로 성장할 수 있도록 돕자."는 나의 말은 이상적이다 못

해 현실 파악 절대 안 되는 소리로 들리기 십상이었을 텐데, 이런 나의 말에 반응해주시고 함께해 주셨다. 참으로 용감하고 결단력 있는 분들이 아닐 수 없다. 우숨터님들이 계셨기에 우숨터가 있을 수 있었고, 우숨터가 있었기에 오늘날의 우리가 있을 수 있었다. 그런 의미에서 이 책은 우숨터 벗님들께 드리는 나의 작은 선물이며, 내가 지키는 약속이다. 우숨터는 앞으로도 계속될 것이라 했던.

이 외에도 감사한 분들이 너무 많다. 다 언급하지 못함을 양해바라며, 마음으로 대신한다. 진심으로 감사합니다.

2025. 7. 17.
안양 동편마을에서

CONTENTS

추천사 **4**
PROLOGUE 괴물들이 판치는 세상을 보며 **8**

1장 소피, 괴물이 되다

2장 누가 우리를 괴물로 만드나

무조건 이겨라 **39**
아무도 믿지 마라 **49**
너희들은 '말'일 뿐이야 **57**

3장 괴물이 되지 않기 위하여

질문을 던지다 **68**
미래를 생각하다 **75**

4장 사람을 키운다는 것

'잘했어'에서 '축하해'로 **88**
제 인생의 주인이 된다는 것의 의미 **94**
사랑과 폭력 사이 **99**
철이 든다는 것 **103**
자기 자신에 대한 실망을 이겨내는 법 **114**
자신의 꿈을 찾는 일 **119**
지구 한 바퀴 돌아오기 **128**
비교하지 않고 키우기 **134**
흔들리며 피는 꽃 **139**
스스로 자라는 아이들 **145**
내적 질서가 구축되는 법 **150**

말이 씨가 되는 원리 **154**
속도도 방향도 아닌 순서 **159**
세상에서 가장 좋은 환경 **164**
우리 모두 한때 어린아이였음을 **167**
우리 집에 없는 것과 있는 것 **171**

우리가 사랑한 책들

아이들이란 어떤 존재인가? - 엘렌 케이, 『어린이의 세기』 **183**
우리가 잃고 있는 건 무엇인가? - 에리히 프롬, 『나는 왜 무기력을 되풀이하는가』 **190**
학교는 왜 존재하는가? - 존 홀트, 『아이들은 왜 실패하는가』 **198**
참된 학습은 어떻게 가능한가? - 엘렌 랭어, 『마음챙김 학습혁명』 **203**
대한민국의 실상은 어떠한가? - 이승욱·신희경·김은산, 『대한민국 부모』 **211**
서이초만의 사건이 아니다 - 김현수, 『괴물 부모의 탄생』 **218**
끊어진 연속성을 되살려내야 - 진 리들로프, 『잃어버린 육아의 원형을 찾아서』 **223**
육아에 대한 새로운 관점에 눈을 뜨다 - 파멜라 드러커맨, 『프랑스 아이처럼』 **229**
진정 아이들을 사랑하는 방법에 대해 알고 싶다면
- 야누쉬 코르착, 『어떻게 아이들을 사랑해야 하는가』 **234**
엄격하고 가혹한 교육이 어떻게 한 아이를 죽음으로 내모는지
- 헤르만 헤세, 『수레바퀴 아래서』 **239**
대한민국 교육혁명, 당사자인 우리가 나서자! - 김누리, 『경쟁 교육은 야만이다』 **244**

세 아이 이야기

묵묵히 제 길을 가는 Y 이야기 **255**
자존감 뿜뿜 P 이야기 **262**
너무 행복한 J 이야기 **266**

EPILOGUE 공부만 잘하는 괴물로 키울 수는 없습니다 **270**
부록 우숨터 이야기 **280**

1장

소피,
괴물이 되다

지금에 와서 생각해 보면, 사람이 사람을 키우다는 것에 대한 나의 고민은 이미 오래전부터 시작되었는지도 모른다. 인생의 황금기가 막 시작되던 20대 초반 어느 날, 나는 친구와 이런 대화를 나눈 기억이 있다.

"너는 나중에 아이를 낳으면 어떻게 키울 거야?"
"글쎄… 아직 생각해 본 적이 없는데?"
"난 있어. 난 말야. 무슨 큰일이 나지 않는 한, 해 보고 싶은 거 다 해 보라고 할 거야."
"정말? 그러다 무슨 일이라도 생기면?"
"안 되지. 그래서 '않는 한'이라고 했잖아. 그런데 살아보니 그런 일은 그리 쉽게 일어나지 않는 것 같아. 그러니 쉽게 일어나지도 않는 일을 미리 걱정하며 해 보고 싶은 걸 다 해 보지 못하고 살면 안 되지 않겠어? 게다가 죽거나 사고가 나면 어때? 어차피 한번 태어난 인생, 해 보고 싶은 거 다 해 보고 죽는 거라면 차라리 그게 낫지 않겠어? 사람은 그러기 위해 태어나는 거 아냐?"

나의 대답에 머리가 복잡해진 친구는 다시 물었다.

"하지만 아이를 사랑한다면, 아이가 안전하기를 바라야 하는 거 아니?"

이번엔 나의 머리가 복잡해졌다. 그리고 잠시 생각에 잠긴 후 대답했다.

"내 생각엔 사랑하기 때문에 더 그래야 하는 것 같아. 우리는 사랑하기 때문에 안전하기를 바라야 한다고 생각하지만, 그건 실은 사랑하는 대상을 위한 마음이 아니고, 우리 자신을 위한 마음 아닐까? 정말 사랑한다면, 내 마음이 조금 불안하고 아프더라도 아이가 해 보고 싶은 것을 다 해 보게 해 주어야지. 왜 있잖아. 선물도 내가 주고 싶은 것이 아니라 상대가 받고 싶은 걸 주어야 하는 것처럼 말야. 그런 의미에서 어쩌면 우리가 아이에게 주어야 하는 것은 사랑이 아니라 애정 어린 관심과 무한한 응원인 것도 같아. 사랑이라는 감정은 내 마음에 두고, 아이에게 주는 것은 관심과 응원이어야 한다는 거지. 그래! 바로 그거야. 난 나중에 나의 아이들을 애정 어린 관심과 무한한 응원으로 키울 거야! 해 보고 싶은 거 다 해 보게 말이야!"

　무심코 나눴던 대화였건만, 그 대화는 이후 내 인생의 가장 중요한 질문과 답으로 남았다. 결혼을 하고 세 아이의 엄마가 되면서 나는 그때 그 친구와의 대화를 수백 번 수천 번 더 곱씹게 되었기 때문이다.

　그러나 그 대답을 현실에서 실현하기는 생각보다 쉽지 않았다. 처음 엄마가 되었을 때는 사랑하고 환희에 들뜬 마음만큼이나 아이의 꿈과 이상을 응원하리라 날마다 다짐했다. 그러나 시간이 흐르면서 나는 점점 주변을 둘러보게 되었고, 현실을 파악한다는 미명하에 다른 방식들을 기웃거리게 되었다.

　"요즘 그냥 유치원 보내는 엄마가 어디 있어? 다들 영어유치원 보내지. 언어는 조기교육이 중요하대. 그래야 네이티브처럼 되고, 바이링구어가 되는 거라고."
　"하지만 아직 우리 아이는 한국말도 잘 못하는걸? 게다가, 알아듣지도 못하는 곳에서 스트레스라도 받으면 어떻게 해?"
　"으이구. 다른 아이들도 다 해. 게다가 그 사람들이 영어유치원을 하루이틀 했겠니? 다 노하우가 있지! 아이들이 재미있고 자연스럽게 영어에 익숙해질 수 있도록 잘 도울 거야. 한국어는 집에서 배우면 되고 말야!"

"하지만… 글쎄 난 모르겠다…."

혼란이 시작되었다. 이건 아닌 것 같은데. 무엇이 아닌지는 잘 모르겠지만, 적어도 애정 어린 관심과 무한한 응원과는 거리가 먼 것 같은데. 나는 무언가 잘못된 길로 들어서는 것 같은 느낌을 지울 수 없었다. 하지만 나는 분연히 끊어내지 못했다. 왜였을까?

그랬다. 엄마가 되고 나서 나의 마음속에는 언제부터인가 '은밀한 욕망'이 자리 잡기 시작했던 것 같다. 반짝반짝 잘 키우고 싶은 욕망, 보란 듯이 성공시키고 싶은 욕망, 다른 사람들로부터 동경과 부러움을 사고 싶은 욕망. 당황스러웠다. 그런데 곰곰이 들여다보니, 이 세상은 혼자 사는 것이 아니더라. 옆 사람과 끊임없이 비교하게 되고 경쟁하게 되더라. 육아도 마찬가지더라. 다른 사람들의 말 한마디에 영향 받지 않을 수 없고, 다른 사람들의 시선과 평가로부터 자유로워지기가 생각보다 너무나 어렵더라. 그래서 할 것이 많고, 해 줘야 할 것이 너무나 많더라. 나는 혼란스러웠다. 그리고 그 상태에서 나의 발은 내가 생각하지 않았던 길로 한 발짝 들어가고 있었다.

이렇게 혼란스러운 나와는 달리 아이들은 무럭무럭 자라 여느 아이들처럼 학교와 학원을 오가는 대한민국 보통의 아이들이 되었다. 수학, 영어, 음악, 미술, 체육 외에도 글쓰기나 주산, 혹은 발레와 같은 특별활동이 아이들의 하교 후 오후 시간을 채워나갔다. 친한 친구들과 함께하는 일들이라 한편으로 즐겁고 재미있어 보였다. 하지만 재미는 잠깐일 뿐. 점차 그 일들은 아이들에게 '해야 할 일들'로 자리 잡아갔다. 그랬다. 그것이 그 일들의 본질이었다. 그리고 어느덧 우리는 그러한 일들을 아무렇지 않게 일상으로 받아들이고 있었다. '그날의 일'이 일어나기 전까지는 말이다.

"Y야, 빨리 풀고 우리 나가서 놀자. 한 시간이면 되지? 빨리 풀고 나와!"

여느 때와 마찬가지로 정해진 분량의 수학문제집을 풀기 위해 Y는 방으로 들어갔다. 그런데 그날따라 한 시간이 지나도 Y가 방에서 나오지 않는 것이 아닌가. 두 시간이 지나도 나오지 않았다. 세 시간이 되어갈 무렵, 나는 무언가 잘못되었음을 느꼈다. Y의 방문을 두드렸다. 그리고 방문을 열었을 때 눈앞에 펼쳐진 광경.

Y는 여전히 책상 앞에 앉아 있었지만, 문제를 풀고 있지는 않았다. 우두커니 그저 앉아 있을 뿐. 책상 위에 펼쳐진 문제집에는 달랑 두

문제에만 끄적거린 흔적이 남아 있었다. 즉, Y는 문제 2개를 풀다 만 채 무려 세 시간 동안이나 우두커니 앉아 있었던 것이다.

"아니, 못 풀겠으면 못 풀겠다고 말을 해야지, 이게 뭐 하는 짓이야? 밖에서 엄마랑 동생들 다 기다리는 거 안 보여?"

지금이라면 그 오랜 시간 동안 그렇게 앉아 있었을 Y가 얼마나 힘들고 고통스러웠을까 하는 생각을 먼저 했을 텐데, 그때는 어찌 된 영문인지 화가 머리끝까지 솟아 올랐다. 안 그래도 성격에 맞지 않게 아이들의 '할 일들'을 꼼꼼히 챙기며 하루하루를 보내는 것이 힘들어 죽겠던 찰나에, 예상치 못했던 상황을 맞닥뜨리니 속에서 그동안 쌓아두었던 짜증이 한꺼번에 폭발하는 것 같았다.

"꽈당!"

정신을 차린 것은 이미 사건이 벌어진 이후였다. 내가 Y에게 문제집을 집어 던진 사건. 그걸 피하려다 넘어지면서 Y의 이마가 문 모서리에 부딪힌 사건. Y는 이마가 참 예쁜 아이였다. 사람들은 모두 Y의 이마를 백만 불짜리 이마라 불렀다. 다행히 찢어지진 않았지만, 찢어지기 일보 직전으로 그 예쁜 이마에 벌겋게 부어오른 줄이 하나 생겨 있었다. 이런! 맙소사.

Y는 엉엉 울었다. 겁에 질린 P와 J도 따라 울기 시작했다. 그리고 곧 나도 울었다. 그리고 그 순간 나는 깨달았다. 무언가 크게 잘못되어가고 있다는 것을.

인생은 '해야 할 일들'로 채워지는 공간이 아니다. '해야 할 일들'이란, 인생이라는 커다란 공간을 채우는 여러 요소 중 하나일 뿐, 그것이 다는 아닌 것이다. 그런데 어느 순간 나는 그 일들을 해내는 것이 마치 인생의 전부인 양, 그렇게 아이들을 키우고 있었다. 그로 인해 나머지 다른 요소들, 예를 들면 서로에 대한 사랑과 신뢰, 지지와 응원의 마음들을 잊고 있었던 것이다.

"애들아, 정말 미안해. 엄마가 잘못했어."

나는 아이들을 끌어안고 한참을 더 울었다. 그날로부터 한 일주일을 나는 심하게 앓아누웠다.

그동안 나는 어떻게 살고 있었던 것인가? 최선을 다한다고 생각했건만, 우리의 삶은 엉망이 되어 있는 것 같았다. 아이들은 하루하루

해야 할 일들을 하느라 지쳐갔고, 나는 그 아이들을 독려하고 챙기고 시키느라 지쳐갔던 것이다. 내가 너무 약한 걸까? 내가 아이들을 잘 '관리'하지 못하는 것일까? 아니면, 근본적으로 무언가 잘못된 것일까? 그러나 문제는 그보다 더 심각한 데 있었다.

실은 Y에게 문제집을 집어 던진 그날, 내가 발견한 건 '인생이 해야 할 일들로만 이루어진 공간이 아니라는 것' 정도가 아니었다. 그날 내가 발견한 건, '내가 제정신이 아니구나!'라는 것이었다. '이러다 내가 괴물이 될 수도 있겠구나!'라는 것이었다. 왜냐하면, 문 모서리에 머리를 박아 넘어져 울고 있는 Y를 보며 마음속에 떠오른 첫 생각이 실은 Y에 대한 걱정이 아니었기 때문이다. 나의 안위에 대한 걱정이었기 때문이다. '이 사실을 남들이 알면 어쩌지?'였기 때문이다.

그 상황에서 나의 안위를 먼저 생각하다니! 나에 대한 남들의 평판을 먼저 생각하다니! 내가 본래 그런 사람이었던 것일까? 아니라면, 도대체 무엇이 나를 이렇게 변질시켰단 말인가? 정신이 번뜩 들었다. 그리고 곧이어 질문들이 내 안에서 쏟아졌다.

'나는 분명 나의 아이들을 너무나 사랑하는데, 대체 사랑은 어디 가고 할 일만 잔뜩 남은 것일까?'

'나는 분명 아이들을 너무나 사랑하는데, 그래서 아이들을 위한 최선을 다하고 있다고 생각하는데, 왜 우리는 행복하지 않은가?'

'아이들을 위해 최선을 다하는 이 길이 행복하지 않다면, 그래도 가야 하는가? 아니면, 무언가 다른 길을 찾아야 하는가?'

그때였다. 20년 전 친구와의 대화가 다시 생각난 것이. 애정 어린 관심과 무한한 지지만으로 아이를 키우겠다던 나의 생각과 포부는 어디 가고, 그저 사랑이라는 미명하에 틀에 옭아매고 아이들을 훈육하는 내가 보였다. 애정 어린 관심과 무한한 지지는커녕 아이들을 케어해야 할 대상으로 보고, 무언가를 시켜야 할 대상으로 보는 내가 보였다. 아이들을 나의 '할 일'로 여기고 있는 내가 보였다. 그날 이후 나는 오랫동안 생각에 잠겼다. 어디서부터 잘못되었는지, 어디서부터 바로잡아야 할지에 대해 대답을 찾을 때까지.

2장

누가 우리를 괴물로 만드나

지난해 〈오징어 게임 시즌2〉가 개봉했다. 역시나 시청률 1위를 기록하며 또다시 전 세계 시청자들을 사로잡았다. 〈오징어 게임〉은 지난 2022년 개봉한 넷플릭스 시리즈다. 세계인들이 〈오징어 게임〉에 열광하는 이유는 아이디어가 독특하고 영화 속 등장하는 한국의 전통놀이가 재미있어서라고 한다. 그러나 한국인들이 열광했던 이유는 좀 다른 것 같다. 우리의 현실과 너무 비슷해서. 우리의 현실을 너무 정확히 꿰뚫고 있어서.

영화 속에는 현실에서 '탈락'한 사람이 많이 나온다. 유일하게 가진 '신체'마저도 포기해야 하는 사람들이다. 그런 그들에게 기사회생할 수 있는 기회가 주어지니 그것이 바로 '게임에 참가하는 것'이다. 게임이 시작되면 죽을힘을 다해 뛰어야 한다. '게임'에서는 지면 '탈락'만 하는 게 아니라, 목숨을 잃게 되기 때문이다. 현실에서는 신체를 포기해야 하는 것뿐이었지만, 게임에서는 실제 목숨을 잃게 되는 것이다. 현실보다 더 무서운 게임. 그만큼 더 치열해진다. 그만큼 더 수단

방법 가리지 않게 된다. 현실을 작은 공간에 욱여넣고 압력을 더 세게 가한 하나의 실험실 같았다.

영화에서는 '탈락'하는 사람이 많아질수록 상금이 올라간다. 게임의 룰에 따라 최선을 다해야 하는 것뿐만 아니라, 상대를 죽이기도 해야 한다는 얘기다. 그럴수록 더 많은 상금을 받을 수 있다는 얘기다. 현실보다 훨씬 잔혹하다. 하여, 사람들은 게임이 진행될수록 인간성을 잃게 된다. 그저 하나의 말(chess piece)이 되어가는 것이다.

무언가 잘못된 것이 분명한 이 게임. 그럼에도 불구하고, 그런 생각은 할 겨를이 없다. 그런 생각에 사로잡혀 있다가는 게임에서 질 확률이 높아지기 때문이다. 하여, 그런 생각일랑 집어치우고 다시금 게임에 몰두한다. 그것만이 그들이 할 수 있는 최선이다.

"우리는 말이 아냐. 사람이야!"

최근 개봉한 〈오징어 게임 시즌2〉는 이 외침으로 시작된다. 그리고 주인공인 기훈의 대사가 이어진다. "내가 보여주겠어. 세상이 너희들 뜻대로 되지 않는다는 것을!" 반격의 서막이 올라가는 것이다.

'그렇지! 바로 저거야! 저렇게 해야지!!'

영화를 보는 우리도 속으로 외친다. 자, 그럼 어디 한번 반격해 볼까?

기훈과 같은 사람들이 우리 사회에도 많이 있다. 우리 사회를 바로 세우기 위해 애쓰시는 분들. 우리 사회를 이기고 지는 경쟁의 장이 아닌, 서로 돕고 나누는 협력의 장으로 만들고자 애쓰시는 분들 말이다. 모두가 그저 제 앞가림하느라 바쁠 때, 서로가 서로를 이기느라 아등바등하기 바쁠 때, 누군가는 우리 사회의 근본적인 문제를 지적하고 개선의 방향을 제시한다. 참으로 감사한 일이 아닐 수 없다. 그러나 안타깝게도 역부족인 듯싶다. 우리 사회의 경쟁은 날이 갈수록 더 심해져 왔다. 그 결과, 기훈과 같은 사람들은 줄어들고, 무조건 뛰고 보자는 분위기는 더 강해져 왔다. 그렇다. 대한민국은 오징어 게임 중인 것이다.

무조건 이겨라

〈오징어 게임〉의 제1 강령은 "무조건 이겨라"이다. 이기지 않으면 죽기 때문이다. 이기지 않으면 죽는다는데, 이기는 것 외에 다른 무엇이 중요하겠는가. 사람들은 이기기 위해 죽을힘을 다해 싸운다. 죽는 게 차라리 쉬울 정도다.

우리 사회도 마찬가지다. 우리는 태어나자마자부터 경쟁에 내던져진다. 언제 뒤집었는지, 언제 처음 엄마라는 말을 했는지, 언제 처음 걸음마를 시작했으며, 언제 처음 뛰기 시작했는지 끊임없이 남과 비교되고 경쟁한다. 물론 처음에는 부모가 한다. 그러나 그 경쟁은 곧 당사자인 우리의 경쟁이 된다. 마치 당연한 것처럼.

물론 경쟁 자체가 문제는 아닐 수 있다. 경쟁은 우리 사회를 발전시키는 원동력이 되기도 하니 말이다. 문제는 지나친 경쟁이다. 지나친 경쟁은 우리 사회를 과열시켰다. 위로 더 위로 몰린 까닭에 우리 사회의 모든 영역이 버섯구름처럼 변했다. 그러다 보니, 그곳에 무엇이 있는지, 그 길이 옳은지, 내가 원하는 길인지 따위는 중요치 않게 되었다. 그런 고민이 우리 사회에서는 '지나치게 낭만적인' 고민이 된 지 오래다. 어디 가서 '자신에게 맞는 길을 찾아야' 따위의 말을 꺼낼 수조차 없다. 아직도 그런 낭만적인 소리냐는 눈총을 받기 십상이기 때문이다.

그러다 보니 최근 기현상도 나타나고 있다. 초등학생들이 의대 입시를 준비하는 것이다. 입시를 위해 특정 학원에 입학도 해야 한다. 7세 고시, 4세 고시라는 신조어가 생긴 배경이다. 그래서인지 아이들의 숫자는 줄어들고 있는데도 불구하고, 사교육비 규모는 점점 커지고 있다. 최근 통계청 발표에 따르면, 우리나라 초중고 학생 수는 2020년 534만6,000명에서 2024년 513만2,000명으로 21만4,000명 줄어들었지만, 같은 기간 각 가정이 사교육비로 지출한 금액은 거꾸로 19조4,000억 원에서 29조2,000억 원으로 10조 원가량 늘었다. 학생 1인당 연간 363만 원에서 567만 원으로 무려 200만 원이나 늘어난 셈이다.

의사라는 직업을 가진 이들을 바라보는 사람들의 시선도 달라졌다. 이는 무심히 흘러나오는 아이들의 말 속에서 확인할 수 있다.

"저 의사 선생님도 공부 잘했겠지? 어떻게 1등을 했을까? 어떻게 의대를 갔을까?"

- 고3 기간 중 원인 모를 손목 통증으로 병원을 찾은 J가 한 말 -

아이들은 이제 더 이상 의사에 대해 사람의 생명을 다룬다거나, 최소한 병을 고쳐주는 사람이라는 생각을 하지 않는 듯하다. 그저 학교 다닐 때 공부 잘한 사람, 전 과목 내신 1등급 한 사람, 수능에서 최상위권 성적을 낸 돈 잘 버는 사람일 뿐이다.

'자본주의 사회이니 어쩔 수 없지 않나. 지금은 돈이 전부인 상황이니 어쩔 수 없는 일이지 않나.' 맞다. 어느 영화의 제목처럼 '어쩔 수 없는' 일이다. 이제 사람들은 더 이상 인품이나 지성에 고개 숙이지 않는다. 돈에 고개를 숙인다. 권력이 세상을 지배하던 시절에는 권력에 고개를 숙이고, 지성이 지배하던 시절에는 지성에 고개를 숙이는 것처럼, 지금은 돈이 지배하는 시절이니 돈에 고개를 숙이는 것뿐이다. 그리고, 공부는 그것을 위한 수단이다.

의대 이야기를 조금 더 해 보자.

"당신들은 어떤 의사에게 진료받고 싶습니까. 전교 1등을 놓치지 않기 위해 공부에만 전념한 의사인가요, 아니면 실력은 한참 모자라지만 추천에 의해 공공병원 의사가 된 의사인가요."

코로나 시기 의대 정원을 늘리겠다는 정부의 발표에 한 의사단체가 반발하며 내놓은 홍보물 내용이다. 누가 읽어도 이상한 질문. 전교 1등을 놓치지 않기 위해 공부에만 전념한 의사가 사람의 생명을 소중히 하고 최선을 다해 병을 치료해 준다는 전제조건도 없이 그저 언급되어 있기 때문이다. 반면, 공공병원 의사들에 대해서도 실력이 한참 모자란다는 근거 없는 평가를 내린 부분도 이상하다. 상황은 이해하지만, 지나치게 왜곡되었다는 느낌이 강하게 든다. 아마 정상적인 질문이라면 다음과 같았어야 할 것이다.

"당신은 어떤 의사에게 진료받고 싶습니까? 인간을 사랑하고 생명을 소중히 여기는 실력 있는 의사인가요, 아니면 생명 따위는 관심도 없고 의료행위를 그저 돈벌이의 수단으로 여기는 의사인가요?"

이에 대해 중앙대학교 김누리 교수님은 "대한민국 엘리트 집단이 얼마나 미성숙한지를 단적으로 보여주는 역사적 기록물"이라고 지적했다. 대한민국 교육이 실패한 정도가 아니라, 완전히 파탄의 지경에 이르렀음을 보여주는 역사적 기록이라는 것이다. ("전교 1등 의사 홍보물… 교육 파탄 드러내는 역사적 기록", 연합뉴스 2024. 3. 22. 기사)

이렇게까지 해야 하나? 돈 없이는 살 수 없는 자본주의 사회이고, 성공은 필수이니 공부를 잘해야 한다는 것까지는 이해할 수 있다. 그러나 그 정도가 지나쳐 본질을 잃어버리는 상태에까지 이르다니. 의대 정원 문제에 대한 의료계의 반응에 국민의 생명이나 건강, 환자들에 대한 걱정과 염려 및 배려는 찾아볼 수가 없다. 이와는 대조적으로 인구 1천 명당 의사 수가 우리나라보다 두 배나 많은 독일(2022년 기준 한국의 의사 수는 인구 1천 명당 2.1명으로 OECD 국가 중 꼴찌, 이에 반해 독일은 4.4명이나 된다.) 의료계는 코로나 시기 의대 정원의 50%를 늘리겠다는 정부의 방침에 적극 환영의 뜻을 표하며 지지를 선언했다. 과중한 업무로 의사도 힘들고, 의료서비스의 질도 떨어지니 늘리는 것이 맞다는 이유다. 자기 밥그릇부터 챙기는 것에 익숙한 한국 사람들 눈에는 독일이 부러우면서, 동시에 선뜻 이해가 되지 않는다.

이에 대해 김누리 교수님은 "독일 의사들은 다른 의사들을 보호하고 연대해야 할 동료라고 생각하는 반면, 한국의 의사들은 다른 의사들을 '경쟁자' 심지어는 '적'이라고까지 생각하기 때문"이라고 지적하신다. (입시)전쟁에서 살아남기는 하였으나, 여전히 그 트라우마에 시달리고 있다는 것이다. (위와 같은 기사)

물론 비단 의료계만의 문제는 아니다. 아이들에 대한 애정이나 교육자로서의 사명감이 점점 사라져가는 교육계, 사회에 대한 애정이나 사회정의에 대한 열망을 찾아보기 힘들어지고 있는 법조계 모두 근본을 상실해 가고 있다. 모두 "무조건 이겨야 한다."라는 오징어 게임의 제1 강령의 결과다. 우리 사회에서 안정적이거나 고소득 직업은 이제 모두 다른 이들을 이기고 그 자리를 차지했다는 상징일 뿐, 그 이상을 기대하기 힘들다.

상황이 이러하다 보니, 자연스럽게 반칙도 고개를 든다. 영화 〈오징어 게임〉 속 참가자들처럼 이기기 위해서라면 수단과 방법을 가리지 않게 되는 것이다. 점수 높이는 데 특효약이라고 불리는 일명 족집게 사교육은 말할 필요도 없고, 부모의 학력, 인맥, 심지어 조부모의 재산까지 모두 '우리 아이 승자 만들기 프로젝트'에 총동원된다. 그렇다면 학력도 인맥도 재력도 갖추지 못한 부모들은 어떻게 해야 하나.

바로 이 지점에서 터진 사건이 '숙명여고 쌍둥이 시험지 유출사건'(2017년도 1학기 기말고사부터 2018년 1학기 기말고사까지 5차례에 걸친 시험에서 당시 숙명여고 교무부장이었던 아버지 현 씨가 빼돌린 시험지로 두 딸이 시험을 치른 사건. 갑작스러운 성적 상승을 이상하게 여긴 주변 학생들과 학부모들이 의혹을 제기하면서 수사가 시작되었다. 이 사건으로 아버지 현 씨는 징역 3년의 실형이, 두 딸에게는 징역 1년에 집행유예 3년의 실형이 선고되었다.)이 아닌가 하고 나는 생각한다.

경쟁에서 이기지 않으면 미래가 없다고 생각하기에, 경쟁에서 이기지 않으면 제대로 살아갈 수 없다고 생각하기에 무리수를 두게 되는 것이다. 더 빨리, 더 많이. 그 결과가 7세 고시다. 얼마 전 강남의 한 유명 어학원에는 입학시험을 치르려는 학생이 대거 몰렸다는 뉴스가 전파를 탔다. 그 숫자가 무려 1,200여 명. 게다가 공개된 시험의 수준은 가히 충격적이었다고 한다. 문제 유형은 수능과 같으며, 수준은 고1 수능 독해 수준이라는 것. 이에 대해 한 영어교사는 "지적 학대"라는 표현을 썼다. 천근아 연세대 세브란스병원 소아정신과 교수는 "7세 고시로 뇌가 학대당하는 아이들은 결국 공부를 더 못하게 될 것"이라며 일침을 날렸다. 천 교수는 한 유튜브 채널에서 이렇게 말하기도 했다.

"단도직입적으로 말씀드리면 그 아이들 학습 능력이 완전히 떨어진다. 중·고등학교 때 못 버틴다. 설사 중고등학교를 어찌어찌 버텨도 불안, 우울 증세로 정신과 치료를 받아야 하거나, 어찌어찌 그런 문제 없이 대학에 잘 들어갔어도, 결국은 대학 졸업 후에 부모가 기대하는 성공적인 삶이나 훌륭한 리더가 될 수는 없다. 그건 제가 단언할 수 있다."

나는 개인적으로 스트레스를 심하게 받은 아이의 학습 능력이 심하게 떨어지는 것을 직접 옆에서 본 경험이 있다. 2000년대 초반쯤, 나는 조기 유학을 준비하는 초중고 아이들의 수학 공부를 지도하는 일을 잠시 했었다. 외국으로 유학을 가는 코스니 당연히 나는 영어로 된 수학 교재로 아이들이 공부할 수 있도록 도왔다. 그곳에서 만난 초등학교 3학년 A.

처음 그 아이를 만났을 때, 나는 속으로 생각했던 것 같다. '정말 총명하군! 기본적으로 머리가 좋은 아이야.' 야무지고 똑똑해 보였던 A는 하나를 가르치면 열을 아는 아이였다. 그런데 수업이 거듭되면서 A의 그러한 총명함은 점차 빛을 잃어갔다. 수업에 집중하고 이해하기를 힘들어했다. 무슨 일이 있느냐고 물으니 하루는 A로부터 충격적인 답변이 돌아왔다.

"저는 문제 하나를 틀리면 그 문제를 300번 풀어야 해요. 오늘은 두 개나 틀렸는데… 그럼 600번…. 오늘도 잠자기는 이미 틀렸어요."

나는 너무나 놀랐다. 3번도 아니고, 30번도 아니고, 300번이라니! 이건 다시 한번 차근차근 풀어 잘 이해해 보라는 수준이 아니라, 틀리면 절대 안 된다는 협박에 가까웠다. 하지만 어떻게 어린 아이가 매번 100점을 맞을 수 있겠는가? 아이는 이미 자포자기 상태가 된 것 같았다. 더 이상 의지를 낼 수가 없는 그런 상태. 안타까운 마음에 "선생님이 엄마한테 얘기를 좀 해 줄까?" 하고 A의 어머니를 만나 진지하게 말씀을 드렸지만, 달라진 것은 없었다. 결국 A의 점수는 계속 떨어져 중하위 정도의 수준에 머무는 아이가 되었다. 이기라고 세게 밀어붙인 것이 지나친 스트레스가 되어 결국 '지는 아이'로 만들었던 것이다.

이러한 이야기는 영화에서도 만날 수 있다.

"뻐꾸기는 자신의 둥지를 만들지 않는다. 남의 둥지에 알을 낳는다. 그리고 그 알에서 나온 새끼 뻐꾸기들은 그 둥지에 있던 다른 알들을 둥지 밖으로 떨어뜨린다. 남을 죽이면서부터 삶을 시작하는 것이다. 안 그러면 내가 죽기 때문이다."

유명한 인도 영화 〈세 얼간이〉에 등장하는 대학 총장의 대사다. 그는 경쟁 교육을 극단으로 몰아붙여 국내 28위의 대학을 1위로 만들었다. 하지만 그로 인해 많은 천재적인 학생들이 불안과 우울에 시달리며, 극단적인 경우 죽음을 선택했다.

"사자는 채찍 때문에 앉는 법을 배우지만, 그건 잘 훈련된 것이지 잘 교육된 것이 아니다."

주인공 란초의 말이다. 그렇지. 우리는 사자가 아니다. 우리는 사람이다.

아무도 믿지 마라

무조건 이겨야 하는 상황이 너무 슬픈 이유는, 아무도 믿을 수 없다는 데 있다. 이기기 위해서는 모두 적으로 간주해야 한다. 나를 위협하는 적 말이다. 내가 이기지 않으면, 상대가 이긴다.

〈오징어 게임 시즌2〉가 〈오징어 게임 시즌1〉과 다른 점 중 하나는 '인간의 심리 변화를 보다 더 치밀하게 묘사하고 있다는 것'이다. 그중에서도 '영원한 친구는 없다'는 메시지를 강렬하게 던진다. 심지어는 엄마와 아들조차도 삶과 죽음의 갈림길에서 결국은 각자도생할 수밖에 없음을 적나라하게 보여준다.

몇 해 전 가슴 답답한 뉴스가 하나 더 나왔다. Pew Research Center가 2021년 17개국 국민을 대상으로 "당신의 삶을 의미 있게 만드는 것은 무엇입니까?What makes Life Meaningful?"라는 질문에 대한 설문조사를 실시했는데, 한국인들은 "물질적 풍요material well-being"를 선택했다고 한다. 정확히 말하면, 한국인들만이 물질적 풍요를 선택했다. 17개국 중 14개국 국민들이 가족을 선택하는 동안 말이다. 한국인들은 가족을 2위로도 선택하지 않았다. 한국인들에게 2위는 건강. 결론적으로 한국인들은 자신의 삶을 의미 있게 만드는 것으로 돈과 건강을 선택한 것이다.

특이한 것은 그렇다고 해서 한국인들이 일을 더 중요하게 생각하는 것은 아니라는 것이다. 17개국 중 자신의 직업이나 일에 대해 가장 낮은 비중을 부여한 사람들이 한국인들이다. 여행이나 취미생활에 대한 비중도 낮다. 결국, 한국인들은 그저 돈을 중요시하는 것이지, 돈을 버는 방법이나 돈으로 무엇을 할 것인지에 대해서는 크게 비중을 두지 않는다고밖에 해석할 수가 없다. 돈 자체가 목적이라는 것이다.

당연하게도 한국인들은 연인이나 친구 혹은 공동체도 큰 비중을 두지 않는다고 답했다. 삶을 의미 있게 만드는 데 중요한 요소가 아니라는 것이다. 연인이나 친구보다 돈이 더 중요하다는 것이다. 이는

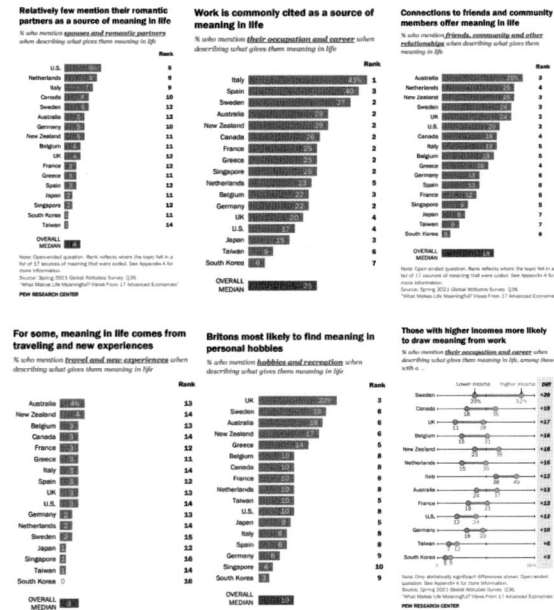

누가 우리를 괴물로 만드나 51

다른 조사결과에서도 동일하게 드러난다. OECD에서 매년 발표하는 '더 나은 삶 지수Better Life Index; BLI'에 따르면 지난 2018년 한국인 응답자의 21.6%가 "어려운 일을 당했을 때 도움을 청할 수 있는 가족이나 친척, 친구가 전혀 없다."라고 응답한 것으로 나타났다. (https://www.youtube.com/watch?v=Qh-yFwgo77M) 가족, 친구, 친척이 삶을 의미 있게 만든다고 생각하지 않는 한국 사람들이니, 당연한 결과다.

요즘 청년들은 '오포세대'라 불린다. 결혼, 출산, 연애, 내 집 마련에 이어 '인간관계'까지 포기했기 때문이란다. 이들은 인생은 어차피 혼자 살아가는 것이라는 생각을 가지고 있다고 한다. 친구란, 필요에 의해 잠시 맺어진 관계라 생각하기 때문이란다. 이에 대해 『단속사회』의 저자인 엄기호 선생은 다음과 같이 말씀하신다.

"우리가 살아가는 이 사회는 타인의 안녕을 돌아볼 수 있는 곳이 아니다. 자기 자신이나 돌보고 살아야지 주제넘게 다른 사람의 안녕에 신경 쓰다가는 자신도 탈락할 수 있다는 공포가 지배하는 사회다. 이에 따라 타인의 고통을 외면하는 능력이 이 사회에서 살아가기 위해 무엇보다 필요한 덕목이 되었다."

타인의 고통을 외면하는 능력이라. 참 오묘한 단어의 조합이다. 이런 것도 능력이 될 수 있구나. 별게 다 능력이 되는 사회, 바로 한국 사회다.

이렇듯 친구 한 명 없는 삶을 살도록 만든 것은 두말할 필요 없이 '아무도 믿지 말라'는 〈오징어 게임〉 제2 강령이 우리 사회에 존재하기 때문이리라. 이기지 않으면 살아남지 못한다는 믿음이 사회 전반에 팽배한 상황에서 누군가를 믿는 것은 '탈락'하는 지름길이기 때문이다.

이러한 사회 전반의 분위기는 당연히 아이들을 키우는 부모들에게도 영향을 미친다. 아이들이 오징어 게임에서 살아남아야 한다는데, 부모들이 그로부터 자유로울 수 있겠는가. 부모들의 커뮤니티는 보이지 않는 전쟁터다. 부모들의 네트워크는 전쟁에서 이기기 위한 전략적 연대다. 그러다 보니 정보를 나누기는 하지만, 아이들을 키우며 마주하게 되는 수많은 질문들을 허심탄회하게 나눌 수는 없다. 사람이 사람을 키우면서 부딪히게 되는 수많은 문제들을 앞에 두고 상의할 사람 한 명이 없는 것이다.

한편, 정보교환도 조심스럽다. 괜히 좋은 정보를 공유했다가 되레 우리 아이가 피해 보는 일이 발생하면 안 되기 때문이다. 그렇다고 아무 정보도 공유하지 않으면, 커뮤니티 내에서 무용한 사람이 된다. 적당한 선에서 밀고 당기기를 잘해야 한다. 정보력이 중요한 게임에서 퇴출당하면 큰일이기 때문이다. 하지만 이러한 밀당은 굉장한 피로감을 동반한다. 많은 엄마들이 '아이 친구 엄마들 모임'에 다녀오면 한동안 드러누워 있어야 한다고 하소연하는 이유다.

이런 엄마들을 바라보는 우리 사회의 시선은 싸늘했다. '당신은 부모입니까, 학부모입니까?'라는 물음이 엄마들에게 돌아왔다. 엄마들이 왜 이렇게까지 해야 하는지를 이해하고 다독여 주는 사람은 아무도 없었다. 그저 '내 아이를 위해서라면 무슨 짓이든 하는 존재'로 평가절하되어 버렸다.

내가 우숨터를 했던 이유 중 하나는 엄마들에 대한 이러한 사회적 시선에는 다소 억울한 측면이 있다고 생각했기 때문이었다. 나 또한 세 아이를 키우면서 이런 시선에서 자유로울 수 없었기 때문이었다. "어휴, 세 명이나 키우느라 힘드셨겠어요!"라는 말에는 '애들 이리저리 학원 보내고 정보 캐러 다니느라 힘들었겠다'는 의미가 담겨 있었다. 그렇지 않다고, 우리 아이들과 행복한 시간을 보내고 있다고 이야기해도 믿지 않는 분위기, 오히려 내가 위선 떠는 사람이 된 것 같은 분위기. 나는 우리의 소중한 시간을 그렇게 보내고 싶지 않아 독서 운동까지 하려고 나선 사람인데 말이다.

　이런 반응을 접하고 나면, 억울한 마음이 훅 하고 올라왔다. 그런데 지금 생각해보면 그들을 탓할 일도 아니다. 나 또한 내가 생각한 '가장 중요한 것'을 지키기 위해 고군분투하며 살아온 것은 사실이니 말이다.

　'저도요! 저도 그렇게 아이들을 키우고 싶어요!'

　그리고 세상에는 경쟁보다는 연대, 성적보다는 다른 무엇들을 중요시하는 엄마들이 의외로 많다. 그건 내가 직접 확인한 것이었다. 우리 사회가 몰아치는 대로 떠밀려가지 말고, 잠시 멈추어 아이들이란 어떤 존재인지, 우리는 아이들을 어떻게 키워야 하는지 생각해보자는 취지에서 처음 내가 함께 책 읽기를 제안했을 때, 나의 내민 손을 맞잡아준 이들은 무려 12명. 우리 막내 같은 반 친구의 3분에 1에 해당하는 엄마들이 나와 함께 책을 읽겠다고 나섰다. 섣부르긴 하지만 우리 사회 전체로 확대하면, 무려 3분의 1에 해당하는 엄마들이 무조건 이기는 것에만 관심이 있는 것이 아니라, 아이들을 어떻게 키워야 할지에 대해 진지하게 고민하고 있다는 증거 아닌가. 그 순간 나는 정말 흥분했었던 것 같다. '내 이럴 줄 알았어!'

물론, 이런 나의 제안에 냉소적인 시선도 많았다.

"우리가 책 읽는다고 세상이 달라져?"
"그러는 사이 우리 아이만 뒤처지지."
"괜히 이길 자신 없으니까 딴소리 하는 거 아냐?"

가장 마지막 반응이 대응하기 가장 힘들었다. 아니라고 해도 믿지 않을 것이기 때문에. 하여, 나는 답하지 않기로 결정했다. 사람은 모두 자기 길을 가는 것이기 때문이다. 나는 나의 길을 가기로.

너희들은 '말'일 뿐이야

하지만 이런 고민 따위는 아랑곳하지 않고 게임은 계속되어 간다. 그리고 우리는 그 속에서 점점 무언가를 잃어가고 있는 것 같다. 무엇을 잃고 있는 것일까? 이를 이해하기 위해 에리히 프롬의 이야기를 살짝 들어보자.

"인간은 자신의 세계를 구축하였고 공장과 집을 지었으며 자동차와 직물을 생산하고 곡식과 과일을 수확했다. 하지만 자기 손으로 만든 결과물로부터 소외되었고 자신이 지은 세계를 더 이상 지배하지 못한다. 인간이 창조한 이 세계가 인간의 주인이 되었다. 인간은 그 주인에게 허리를 굽히고 그를 최대한 조작하기 위해 애를 쓴다. 직접 만든 작품이 자신의 신이 되어 버린 것이다. 인간은 여전히 세계의 중심이라는 착각에 빠져 있지만, 옛날 그의 조상들이 신을 생각하며 느꼈던 바로 그 강도 높은 무의미함과 무기력의 감정이 그를 사로잡고 있다."

- 에리히 프롬, 『나는 왜 무기력을 되풀이하는가』(나무생각, 2016) 중에서 -

물신주의物神主義는 단지 물건을 중시한다는 것이 아니다. 물건이 신이 된다는 것이다. 물건을 숭배한다는 것이다. 그 과정에서 우리는 우리가 그 물건을 만들어내고 생산하고 판매하기 시작한 장본인임을 잊어간다. 우리 자신을 잊어가는 것이다. 이렇게 잊힌 우리 자신은 어느 순간 물건을 얻기 위한 게임의 말chess piece이 된다.

게임의 말이 된 우리들은 스스로를 착취하기 시작한다고 에리히 프롬은 말한다. 한때 식민지 원주민들을 착취하고 노동자들을 착취하던 것처럼, 오늘날 대부분의 사람들은 자기 자신을 착취하고 있다는 것이다. 그렇지 않으면 게임에서 탈락하기 때문에. 말은 게임의 규칙하에서 움직인다. 살고 죽는 것은 오직 그 게임의 규칙에 달려있다.

또한 말은 수단이다. 그 자체가 목적이 될 수 없다. 목적은 게임에서 이기는 것뿐이다. 그러하기에 현대사회에서 칸트의 평등은 의미를 잃는다. 칸트는 "평등이란 그 어떤 인간도 타인의 목적을 위한 수단이 되지 않는 상태"라 하였기 때문이다. 하여, 에리히 프롬 또한 현대사회에서 사람들은 서로가 서로에게 수단일 뿐, 목적을 가진 단독자로서의 개인은 사라졌다고 탄식한다.

"너희들은 말일 뿐이야."

프론트맨(영화 〈오징어 게임〉 속 게임을 총지휘하는 인물)은 말한다. 이것이 〈오징어 게임〉의 제3 강령이다. 그리고 프론트맨은 기훈에게 묻는다.

"영웅놀이라도 하겠다는 것인가?"

영웅놀이라. 대단한 통찰이 아닐 수 없다. 지금 이 사회에서는 다른 사람의 안위를 걱정하는 것이 사치로 간주된다. 제 앞가림이나 하지 주제 넘게 다른 사람의 안위를 걱정하다니! 지금은 타인의 고통을 외면하는 능력이 필요한 사회라는 엄기호 선생의 일침을 잊었어? 우리 사회에 대한 비난이 비아냥이 되어 터져 나온다. 하지만 영웅놀이를 하자는 것은 아니다. 그저, 지금 이 과정에서 너무 힘든 사람들이 많아서. 그 사람들이 아이들을 키우는 엄마들이고, 그 사람들이 철모르고 뛰어놀아야 할 우리 아이들이라서. 그것이 너무나 안타까워서,

그것이 너무나 마음이 아파서일 뿐이다. 그냥 두면 모두가 괴물이 될 것이기에. 내가 살기 위해 남을 죽일 수밖에 없는 괴물이 될 것이기에. 내가 괴물이 될 뻔한 것처럼.

『대한민국 부모』(문학동네, 2012)에는 임계점을 넘어선 부모들의 이야기가 나온다. 무언가를 숭배하기 위해, 남을 이기기 위해, 혹은 그저 살아남기 위해 자기 자신을 잃은 사람들. 그들은 사랑이라는 이름으로 아이들에게 폭력을 행사하고, 희생과 헌신이라는 이름으로 아이들에게 복종을 강요한다.

책 속에는 이러한 부모들로 인해 아픈 아이들의 사례가 많이 나온다. 자주 얼굴을 찡그리고, 입을 씰룩거리는 틱 증세를 보이는 초등학교 3학년 민희 이야기. 영재교육기관에 다닌 지 6개월 만에 나타난 현상이란다. 오른손이 불에 덴 것처럼 아파 연필도 잡지 못하는 고등학교 3학년 민선이 이야기. 시험 불안 증세가 있어서라고 한다. 환청과 환시 증세에 시달리고 있는 고등학교 2학년 재혁이 이야기. 재혁이는 누군가 항상 방문을 열고 자신을 노려보고 있는 것 같단다. 그런데 그 사람이 엄마인 것 같단다. 가슴 아픈 이야기들이다. 그중 한 가지 사례를 자세히 들여다보자.

" (…) 상담 중에 집을 그려보라고 하자 가족들은 집에 있고 자신만 집에서 조금 떨어진 학원에 앉아 있는 모습을 그렸다. '너는 언제 집에 올 거니?' 하고 묻자 아무렇지 않은 표정으로 오랫동안 못 간다고 했다. 학원이 끝나면 곧 다른 학원에 가야 하기 때문이란다. 아이가 그린 그림에서 집은 학원들에 둘러싸여 있다. 가까이에 집을 두고도 계속 학원을 옮겨 다니느라 아이는 집에 가지 못한다. 엄마와 동생은 집에서 재미있게 텔레비전을 보고 있지만, 아빠는 회사에서 일하고 자기는 학원에서 공부를 해야 하기 때문에 집에 못 간다고 했다. 그림 속에서 집에 있는 엄마와 동생을 향해 고개를 돌리고 쳐다보는 세환이가 있다. '집에 가고 싶어 너무 슬프겠다.'라고 하자 아이는 얼른 '100점'이라고 쓴 시험지를 그렸다. 그리고 '100점 맞아 집에 가면 아주 많이 기쁘기 때문에 참을 수 있다.'라고 말했다.

세환이가 그림을 그리면서 집에 못 간다고 말하자 눈시울이 붉어졌던 엄마는, 100점짜리 시험지를 그리면서 참을 수 있다고 말하는 대목에서는 다시 활짝 웃었다. 아이를 쳐다보는 감동 어린 눈빛에서는 아이의 인내력을 성장의 징표로 보는 듯한 뿌듯함이 느껴졌다. 상담이 끝나갈 무렵 아이는 100점짜리 시험지를 그린 종이를 엄마에게 내밀며 '자, 엄마, 100점'이라며 웃었고, 엄마는 '아이고 고마워요. 잘했네!' 하면서 웃었다. 그 순간 엄마는 아이의 복통과 틱 증상 때문에 상담실을 찾아왔다는 사실조차 잊고 있는 것 같았다. 아니, 사실 엄마는 대부분의 시간에 아이의 고통을 잊고 있었을 것이다…."

- 이승욱, 신희경, 『대한민국 부모』(문학동네, 2012) 중에서 -

다른 사례도 들어 보자.

" (…) 아이는 시험 전날 독서실에서 공부하다 남자친구와 노래방에 가 휴대폰을 꺼놓고 놀다가 밤 12시가 넘어 집에 돌아왔다. 독서실에서 밤 10시에 나갔다는 것을 확인한 엄마는 불같이 화를 냈고, 시험 전날 노래방에 갔다는 이유로 '미친년'이라고 욕까지 했다. 하지만 아이가 다음 날 세 과목에서 한 개만 틀리는 우수한 점수를 받자 아이에게 사과했다. '네가 공부 다 해놓고 스트레스 받아서 노래방에 간 것도 모르고, 내가 오해를 해서 미안하다. 그래도 다음에는 연락은 해라. 그러면 엄마가 너 스트레스 푸느라 그런가 보다 하고 야단치지 않을게. 이렇게 공부를 열심히 하면서 놀면 아무 문제가 없지.'라며 매우 기뻐했다. (…) "

- 이승욱, 신희경, 『대한민국 부모』(문학동네, 2012) 중에서 -

누가 우리 부모들을 이렇게 만들었을까? 누가 우리 아이들을 이렇게 만들었을까? 우리 모두 말chess piece이 되었다.

3장

괴물이
되지 않기
위하여

반드시 물건을 집어 던지거나 소리를 질러야만 괴물인 것은 아니다. 산에 오를 때를 생각해 보자. 정상에 오르는 것만을 목표로 하다 보면 놓치는 것들이 많다. 주변에 펼쳐지는 아름다운 경치, 함께 가는 사람과의 정다운 대화, 산에서 처음 만난 낯선 이들과 나누는 명랑한 인사. 그런데 그냥 오르는 것이 아니라 경주를 하는 것이라면? 즉, 누가 가장 먼저 정상에 오르는지에 따라 서열이 정해지는 것이라면? 그때부터는 이야기가 달라진다. 놓치는 것은 당연하고, 심지어는 반칙도 고민하게 된다. 내가 이기기 위한 것이거나, 다른 사람을 이기지 못하게 하기 위한 반칙들 말이다. 점점 괴물이 되어가는 것이다.

그 결과 친구도 없고, 가족도 없고, 나 자신마저 잃고, 있는 것이라고는 오로지 게임에서 이겼다는 만족감 뿐. 그리하여 내가 왜 여기 있는지, 무엇을 하고 싶은지, 궁극적으로 왜 사는지도 모르는 상태에 빠지면 그것이 괴물인 것이다.

그러하기에 우리는 열심히 살되 항상 주위를 살펴야 한다. 내가 무언가를 잃어버리고 있는 건 아닌지. 어쩌면 지금의 시대는 무엇을 얻을 것인가 만큼 무언가를 잃고 있는가에 주의를 집중해야 하는 시대인지도 모른다.

질문을 던지다

그렇다면, 우리가 잃고 있는 것들이 무엇일까? 그것을 구체적으로 특정해 보자. 인간성이라는 두리뭉실한 범주로는 부족하다. 무엇을 잃지 않기 위해서는, 그것이 무엇인지부터 정확히 알아야 하기 때문이다.

첫째는 바로 '몸과 마음의 건강'이다. 먼저 몸의 건강부터 살펴보자. OECD 학생 웰빙 보고서(이 보고서는 지난 2015년부터 OECD에서 발표하고 있는 것으로, 학생들의 학업 성취뿐 아니라 삶의 전반적인 질과 웰빙에 대한 분석을 수행, 학생들의 학업성취도와 삶에 대한 만족도 사이의 상관관계를 살펴볼 수 있는 자료로 사용되고 있다. 지금까지 2015년, 2018년, 그리고 2022년 세 차례에 걸쳐 발간되었으며, 내용은 대동소이하니 그중 국내 언론에서 가장 많이 다뤄진 2015년 보고서를 중심으로 살펴보자.)에 따르면, 우리나라 학생들의 만족도는 6.36으로 28개 국가 가운데 27위를 차지한 것으로 나타났다.

특히, 한국 학생들의 신체활동 시간이 매우 짧아 눈길을 끌었는데, 방과 후나 수업 전 스포츠를 하는 학생 비율은 46.3%로 OECD 국가 중 꼴찌. 그리고 5명 중 1명은 일주일에 단 하루도 운동을 하지 않는 것으로 드러났다. 반면, 주당 60시간 이상 공부한다고 답한 학생들은 23.2%로 OECD 평균(13.3%)의 두 배. 결국 한국 청소년들은 운동할 시간을 줄여 공부를 하고 있다는 사실이 수치로 확인된 셈이다. 그래서인지 보건복지부에서 5년에 한 번씩 발표하는 '아동종합실태조사'에 따르면 9세에서 17세 청소년의 비만율이 2018년도 3.4%에서 2023년도에는 14.3%로 크게 증가한 것으로 나타났다. 불과 5년 만에 말이다.

마음의 건강은 또 어떠한가? 통계청에서 발간한 『KOSTAT 통계플러스 2019년 겨울호』에 따르면, 대한민국 아동·청소년 약 3만 7천 명을 대상으로 조사한 결과 응답자의 33.8%가 "죽고 싶다는 생각을 가끔 하거나 자주 한다."라고 답했다고 한다. 그리고 이와 같은 극단적인 생각하는 이유로는 중학생과 고등학생이 각각 34%와 39.7%로 학업 문제를 꼽았다고 한다. (뉴스포스트 https://www.newspost.kr) 이 내용은 앞선 보건복지부 보고서(아동종합실태조사)에도 그대로 드러나, 9세 이상 17세 이하의 청소년들 중 "자살을 생각해보았다."라고 응답한 아이들이 2018년도의 1.3%에서 2023년도에는 2%로 증가한 것으로 나타났다. 또 2022년 교육부에서 발표한 청소년 정신건강 지표를 살펴보면, 우리나라 청소년의 우울증 경험률은 2021년 이후로 뚜렷한 증가세를 보이고 있는 것으로 나타났다. 여학생은 31.4%에서 34.5%로 전년 대비 2.1%p, 남학생은 22.4%에서 24.2%로 전년 대비 2.8%p 증가한 것이다. 이처럼 이 사회에서 우리 아이들이 몸 건강뿐 아니라 마음의 건강도 잃어가고 있다는 증거는 도처에 널렸다.

두 번째로 우리가 잃어가고 있는 것은 '꿈을 꿀 권리'이다. 꿈을 꾸기 위해 우리는 우선 우리 자신을 잘 이해해야 한다. 그러나 우리 사회는 아이들에게 자기 자신을 충분히 이해할 시간을 주지 않는다. 남보다 빨리, 남보다 멀리, 남보다 높이 뛰어야 하기 때문이다. 심지어는 '내가 어떤 사람인지, 나는 무얼 하고 싶은지'를 묻는 것 자체가 무의미하다고도 말하는 것 같다.

이 또한 통계자료를 통해 살펴보자. '2023년 학생 희망직업 조사'(교육부 발표) 결과에 따르면, 장차 의사가 되고 싶다고 응답한 초등학생들 중에 30.1%가 "돈을 많이 벌기 때문에"라고 답한 것으로 알려졌다. "내가 좋아하는 일이라서", "내가 잘 해낼 수 있을 것 같아서", "사회에 봉사할 수 있을 것 같아서"라는 이유가 뒤로 밀린 것이다. 중학생 역시 자신의 미래직업을 선택하는 이유에 대해 "돈을 많이 벌 수 있을 것 같아서(29.3%)"를 가장 많이 꼽았다고 한다. 2018년에는 "내가 좋아하는 일이라서(25.7%)", "내가 잘 해낼 수 있을 것 같아서(19.7%)"라고 응답한 아이들이 많았었는데 말이다.

결국 점점 많은 아이들이 자신이 어떤 사람이고, 무엇을 원하는지와 상관없이 돈을 기준으로 미래의 직업을 선택한다. 그 과정에서 아이들은 꿈을 잃어가고, 꿈을 꿀 수 있는 권리를 잃어간다. '그깟 꿈이 무슨 소용이람! 돈이 없으면 아무것도 할 수가 없는데!'라는 소리가 어디선가 들리는 것도 같다. 정말 그럴까?

〈유 퀴즈 온 더 블럭〉이라는 프로그램에 우리나라 최연소 사법고시 합격생인 박지원 씨가 출연한 적이 있다. 그녀는 무려 스무 살의 어린 나이에 사법고시에 합격해 세간의 주목을 받았었다. 그런 그녀가 다니던 로펌을 그만두고 비로소 꿈을 향해 도전한다고 한다. 변호사는 자신의 꿈이 아니라 부모님의 꿈이었다고 이야기하면서 말이다. 어려서부터 부모님의 철저한 계획과 지원 속에 자신의 꿈이 무엇인지에 대해 생각해 볼 겨를도 없이 부모님의 희망을 목표로 살았던 것이라고. 하지만 어느 순간 그 길이 자신의 길이 아님을 깨달았다고 했다. 하여 진짜 자신이 해 보고 싶은 일을 찾아 나선 것이라고. 그 꿈은 동시통역사.

한때 아파트 베란다 창문 밖을 내다보며 해서는 안 될 생각까지 했던 박지원 씨는 지금 현재 사는 게 너무 즐겁다고 한다. 아이 둘을 키우며 공부와 일을 병행해야 하는 고된 일상이지만 정말 즐겁고 행복하다고 한다. 나는 그녀의 이야기를 들으며, 꿈은 단지 꿈이 아니라 삶을 살아가는 데 반드시 필요한 중요한 동력이라는 생각을 다시 한번 했다. 그런데 대한민국의 많은 아이들이 이 삶의 동력을 빼앗기고 있는 것이다. 〈오징어 게임〉 같은 현실 속에서.

마지막 우리가 잃고 있는 것으로 나는 '사랑하며 살 수 있는 능력'을 꼽고 싶다. 여기서 사랑한다는 것은 단순히 연애감정이 아닌, 나 자신을 사랑하고 타인 또한 깊이 이해하고 아끼는 모든 감정을 말한다.

얼마 전 유튜브에서 워런 버핏의 영상을 봤다. 그는 진정한 성공이 무엇이라 생각하느냐는 진행자의 질문에 한 치의 망설임도 없이 "65세나 70세 이후에 당신이 사랑받고 싶은 사람들로부터 실제로 사랑받고 있다면, 나는 그것을 진정 성공한 것이라 생각한다."라고 대답한다. 이유는, 극심한 빈곤이나 고통에 시달리는 사람을 제외하고 그 나이가 되어서 많은 사람으로부터 충분한 사랑을 받고 있는데 행복하지 않은 사람을 본 적이 없기 때문이란다. 반면 돈은 많지만 자신을 사랑하는 사람 한 명 없는 부자들을 무수히 많이 보아왔기 때문이란다. 그런데 앞서 언급했던 것처럼 한국 사람들은 사랑하는 사람들보다 물질적 풍요가 삶을 가치 있게 만든다고 대답하는 사람들 아닌가. 워런 버핏의 기준에 따르면, 우리 한국인들은 진정한 성공을 이루기 참 힘든 사람들인 셈이다.

그렇다면, 왜 우리는 친밀한 사람들과의 관계를 중요시하지 않게 되었을까? 왜 우리는 사랑하며 살 수 있는 능력을 잃게 되었을까? 당연히 사회의 경쟁적 분위기가 범인이다. 어려서부터 친구보다는 학원, 친구보다는 성적, 친구보다는 입시를 강요당하며 자란 아이들이 성인이 되어 무엇보다 사랑하는 사람을 우선시하여 선택하기란 쉬운 일이 아니다. 경쟁적 분위기 속에서 모든 인간관계가 이해득실로 평가되고, 때로는 일이나 진로에 방해가 되는 것으로 여기는 분위기 속에서 친밀한 관계의 소중함이 높게 평가되기는 쉬운 일이 아니다. 게다가 대한민국 아이들은 친구를 사귈 시간조차 없다. 2018년 OECD 국제학업성취도평가(PISA)에 따르면, 한국 고등학생들의 1주일 평균 학습 시간은 50시간으로 OECD 평균보다 무려 15시간이나 더 긴 것으로 나타났다고 한다. 이에 비해 우리나라 학생들과 비슷한 학업성취도를 보인 일본의 고등학생 주 평균 학습 시간은 32시간, 핀란드는 30시간. 우리나라 아이들은 누군가와 만나 관계를 쌓고 친밀감을 나눌 절대 시간이 부족하다.

이 외에도 초경쟁사회 대한민국에서 우리가 잃어가는 것들은 무수히 많다. 예를 들어, 프롤로그에서 언급했던 학생들이 잃은 것은 무엇일까? 나의 삶만큼 타인의 삶도 소중하다는 것을 이해하는 힘, 우리 사회에서 발생하는 일들을 애정 어린 시선으로 바라보는 힘, 이 세상에는 서로 돕고 살아야 하는 수만 가지 이유가 있다는 것을 이해하는 힘 등이 아니겠나. 이러한 힘들이 갖춰진 후에 그들의 탁월한 학습 능력이 키워졌었다면, 장차 우리 사회에서 일어나는 이러저러한 문제를 현명하고 슬기롭게 해결해내는 훌륭한 인재로 촉망받았을 텐데. 짠하고 안타까운 마음 가득하다.

미래를 생각하다

한편, 인간적인 측면에서는 좀 부족(?)하더라도, 지적인 능력, 기술적인 능력, 미래를 설계하는 창의적인 능력의 측면에서는 뛰어나지 않느냐는 반문이 있을 수 있다. 그것이 오히려 미래형 인간이 아니냐는 문제 제기가 있을 수 있다. 그럴까?

최근 AI업계는 거의 빅뱅이라 할 정도로 날이면 날마다 변하고 있다. 모든 사람이 스마트폰을 사용하는 것처럼, 이제 모든 사람이 인공지능 서비스를 사용한다. AI에게 물어보고 AI와 공부하고 AI와 대화하는 시대. 이러한 시대에 발맞춰 드디어 우리나라에도 AI수석이라는 새로운 직책이 생겼다.

그런데 이 AI시대라는 것이 무엇인가? 이 시대에 우리는 아이들을 어떻게 키워야 하는가?

모두 알다시피 AI는 인간의 고차원적인 지적 능력을 대체하는 기술이다. 과거 로봇이 인간의 육체적 노동을 대체하는 기술로 각광받았다면, 지금의 AI는 인간의 지적 능력을 대체하는 기술로 각광받고 있다. 즉, 많은 정보를 다루거나, 많은 양의 공부를 필요로 하는 일, 복잡하고 어려운 기술들이 AI로 대체되기에 적합하다는 얘기다. 그렇다면, 지금 공부만 하고 있는 우리 아이들은 어떻게 되는 것일까? 이에 대해서는 좀 더 저명한 분들의 말을 통해 확인해보자. 세계적인 역사학자이자 수많은 베스트셀러의 저자인 유발 하라리 Yuval Noah Harari 는 자신의 책 『호모 사피엔스』에서 다음과 같이 말했다.

"현재 학교에서 가르치는 내용의 80~90%는 아이들이 40대가 되었을 때 전혀 쓸모없을 확률이 크다."

세계적인 인공지능 전문가이자 미래학자인 제리 카플란 Jerry Kaplan 스탠퍼드대 교수 또한 자신의 책 『인간은 필요 없다』에서 다음과 같이 말한다.

"우리는 직업교육과 관련해 두 가지 실수를 하고 있다. 첫째는 학생들에게 가르칠 내용을 학교가 결정한다는 것이고, 둘째는 먼저 학교에서 배우고 졸업한 뒤에 직업을 찾아야 한다는 암묵적인 믿음을 갖는 것이다."

두 교수의 발언을 통해 우리가 알 수 있는 것은 학교가 세상의 변화를 따라잡지 못하고 있다는 것이다. 이에 대해서는 다른 모든 나라의 학교가 마찬가지이겠다. 오죽하면, 최첨단산업을 이끌고 있는 일론 머스크조차도 "AI 시대에 아이들을 어떻게 키워야 하는가?"라는 질문에 11초간 침묵한 뒤 다음과 같이 말하지 않았겠는가.

"본인이 흥미를 느끼는 일이나 보람을 느끼는 일을 찾을 것. 또한 다른 사람들에게 가능한 한 유용한 사람이 되려고 노력해야 할 것."

어디에도 열심히 공부해서 1등을 하라거나 좋은 학교를 들어가라는 얘기는 없다. 게다가 그는 자신의 아이들을 위해 '애드 아스트라(Ad Astra School, '별들에게 가보자'는 뜻)'라는 학교를 설립한 것으로도 유명하다. 이 학교는 이름에서 느껴지는 대로 미래기술과 세상을 가르치겠지만, 그보다 더 중요한 특징이 있다고 한다. 바로 학교에 아이들을 맞춘 것이 아니라, 아이들에게 학교를 맞춘 것이라는 점. 이에 대해 그는 한 인터뷰에서 다음과 같이 설명했다.

"어떤 아이는 언어를 좋아하고, 어떤 아이는 수학을, 어떤 아이는 음악을 좋아한다. 그러니 아이들이 학교에 맞추는 것이 아니라, 학교가 아이들에게 맞추는 것이 당연하지 않나?"

경쟁식 교육, 주입식 교육, 획일적 교육을 지양하자고 요구하는 사람들이 그토록 오래전부터 주장해왔던 이 말이, 21세기 최첨단 과학의 시대에서야 빛을 발하다니. 무언가 아이러니한 느낌이 들지만, 여하튼 반가운 일이다.

이렇듯 최첨단 AI 시대에는 앉아서 공부만 하는 것보다, 1등 하기 위해 매진하는 것보다, 세상을 이해하고, 사람을 이해하는 능력이 더 중요해진다고 한다. 애정 어린 시선으로 세상을 관찰하고, 사람을 관찰하는 공부가 더 중요해진다고 한다. 그래야 그 속에서 문제를 발견할 수 있고, 그 문제를 해결할 수 있게 되기 때문이다. 그것이 창의력 아니겠나. 그것이 미래를 열어가는 방식 아니겠나.

여기까지 생각하니 내가 괴물이 된 맥락을 어느 정도 짚을 수는 있게 되었다. 물론 좋은 엄마가 되기에는 내가 많이 부족한 사람이었다는 것이 가장 큰 이유였겠지만, 우리 사회의 지나친 경쟁 압력이 안 그래도 부족한 나를 지나치게 밀어붙여 일어난 사달이라는 것도 무시할 수 없다. 하여, 나는 나의 문제를 해결하기 위해서는 나 자신을 돌아봄과 동시에 우리 사회가 우리에게 가하는 스트레스에 대해서도 이해해야 한다는 생각이 들었다. 물론, 이 모든 생각이 그 당시에 들었던 것은 아니다. 그 후로 오랜 시간 문제의 원인을 곰곰이 생각해보고 두루두루 주변을 살펴보면서 하게 된 생각들이었다.

4장

사람을 키운다는 것

그럼 다시 그 시절로 돌아가 보자. 아직 사회적인 맥락까지는 생각하지 못하고, 다만 내 개인적인 과오를 찾는 것에 몰두하던 그 시절 말이다. 때는 다시 큰아이가 3학년이던 2010년 어느 여름이다.

그렇게 한바탕 난리가 난 후, 나는 정말이지 일주일 정도 앓아누웠었던 것 같다. 실제 열도 나고 몸살도 심하게 앓았다. 무언가 잘못되어도 한참 잘못되었는데, 무엇이 어디서부터 잘못되었는지 생각해내는 것이 당시로는 쉽지 않았던 것 같다. 하여, 나는 아이들에게 말했다. "얘들아, 엄마가 생각해보니 너희들을 어떻게 키워야 하는지 잘 모르는 거 같아. 그러니 엄마가 방법을 알 때까지 조금만 기다려줘."

그랬다. 당시 나는 아이들을 어떻게 키워야 하는지 몰랐다. 그냥 '남들 하는 대로 하다 보면 어떻게든 되겠지.'라고 생각했던 것 같다.

그러다 어떤 날은 '아이들을 이렇게 다람쥐 쳇바퀴 돌리듯 키우는 게 맞을까?' 하고, 또 어떤 날은 그 어떤 엄마들보다 열심히 아이들을 실어 나르며 최선을 다한다고 스스로 위로했던 것 같다. 한마디로 오락가락, 갈팡질팡하며 내 생각 없이 남들 하는 대로 따라 하고 있었던 것이다.

그러나 그 사건 이후 나는 곰곰이 생각하기 시작했다. 내 생각이 정리도 되지 않은 상태에서 허겁지겁 대충 가려고 했던 것부터가 문제라는 생각이 들었다. '그러다 보니 내가 괴물이 될 뻔했잖아. 어떻게 그 순간에 내 잘못을 숨기고 싶은 생각부터 먼저 들 수 있어? 내가 원래 이런 사람이었던 거야?' 나는 나 자신에 대한 실망감을 목구멍으로 꿀꺽 삼키면서, 모든 것을 다시 시작하겠다 마음먹었다. '그래, 원점에서부터 다시 시작하는 거야.' 나는 다짐했다.

그 후로 몇 날 며칠, 아이들은 아무 일 없었다는 듯이 놀았지만, 나의 생각은 멈추지 않았다. 무엇이 잘못되었을까? 어디서부터 잘못되었을까? 나는 분명 나의 아이들을 너무나 사랑하는데, 그래서 눈에 넣어도 아프지 않다고 골백번도 더 이야기하는데, 그런데 왜 이런 일이 발생한단 말인가? 그러다 문득 20년 전 나누었던 친구와의 대화가 떠올랐다.

"내 생각엔 사랑하기 때문에 더 그래야 하는 것 같아. 우리는 사랑하기 때문에 안전하기를 바라야 한다고 생각하지만, 그건 실은 사랑하는 대상을 위한 마음이 아니고, 우리 자신을 위한 마음 아닐까? 정말 사랑한다면, 내 마음이 조금 불안하고 아프더라도 아이가 해 보고 싶은 것을 다 해 보게 해 주어야지. 왜 있잖아. 선물도 내가 주고 싶은 것이 아니라 상대가 받고 싶은 걸 주어야 진짜 선물인 것처럼 말야. 그런 의미에서 어쩌면 우리가 아이에게 주어야 하는 것은 사랑이 아니라 애정 어린 관심과 무한한 응원인 것도 같아. 사랑이라는 감정은 내 마음에 두고, 아이에게 주는 것은 관심과 응원이어야 한다는 거지. 그래! 바로 그거야. 난 나중에 나의 아이들을 애정 어린 관심과 무한한 응원으로 키울 거야! 해 보고 싶은 거 다 해 보게 말이야!"

정말 오랫동안 잊고 있었던 바로 그 대화. 그래 여기서부터 시작해 보자. 나는 문제해결의 시작점을 찾은 것 같았다.

생각해보면 우리 주변에는 잘못된 사랑으로 고통받고 상처받는 사람들이 많이 있다. 부모 자식 간에는 물론이고 부부지간에, 혹은 형제지간에 우리는 사랑한다는 이유로 서로를 힘들게 하는 경우들이 있다. 간섭하고 개입하고 훈계함으로써 말이다. 사랑하기 때문에 관심을 갖는 것이고, 사랑하기 때문에 도와주려는 것이고, 사랑하기 때문에 나를 희생하면서까지 그렇게 애쓰는 것이라고 주장하면서 말이다.

나 또한 아이들에게 그랬다는 생각이 들었다. 사랑하기 때문에 아이들을 위해 고민하고, 사랑하기 때문에 더 좋은 것을 주고 싶고, 사랑하기 때문에 더 많은 것을 해 주고 싶었다. 하지만 그것은 아이들이 원하는 것이 아니었다. 아니, 대부분의 경우 아이들이 원하는 것과 내가 해주고자 하는 것은 상반되고 충돌했다. 그리고 나는 그 문제를 해결하는 데 서툴렀다.

"할 일은 먼저 해 놓고 놀아야지." 정도가 내가 할 수 있는 말의 전부. 하지만 할 일의 정도는 누가 정하는가? 게다가 진짜 사랑한다면 상대가 원하는 것을 하게 해 주어야 한다면서, 내가 좀 불안하고 아프더라도 상대가 원하는 것을 하게 해 주어야 한다면서, 늘 내가 옳다고 주장해 온 내가 보였다. 하여, 나는 무엇보다도 먼저 아이들의 눈으로 세상을 보아야겠다고 생각했다. 제대로 된 사랑, 상대가 원하는 것을 함께해 주기 위해서는 그것이 가장 우선이었으므로.

그러나 아이들의 눈으로 세상을 본다는 것이 생각보다 쉽지 않다. '아이들은 노는 걸 좋아해', '아이들은 공부하기 싫어해' 정도의 일이 아니었기 때문이다. 아이들의 눈으로 세상을 본다는 것은 잊었던 나의 감각들을 다시 살려내는 일이었고, 아이들의 눈으로 세상을 본다는 건 굳어 버린 내 생각들을 다시 다 말랑말랑하게 만들어야 하는 일이었기 때문이다. '할 일은 먼저 해 놓고 놀아야지.'라고 이미 굳어버린 나의 생각에 '왜? 왜 그래야 하는데?'라고 질문을 던져야 하는 것이었기 때문이다. 나는 그동안 내가 당연시 생각했던 것들에 대해 하나하나 질문을 던지기 시작했다. 아이들처럼.

그렇게 질문을 던지다 보니 많은 것들이 달라졌다. '~~해야 한다'는 생각에 사로잡히기보다는 그 순간 아이들의 마음을 살피고 이해하고 공감하는 시간이 길어졌다. 그러다 보니 내 어릴 적 감수성도 살아나 때론 아이들과 동화되어 뛰어놀기도 했다. 훗날 『어린이의 세기』에서 아래와 같은 구절을 발견했을 때, 나는 정말이지 행복했다.

"오직 어린이들과 함께 놀 수 있는 사람만이 그들에게 뭔가를 가르칠 수 있다는 말 안에는 깊은 통찰이 존재한다. 스스로가 어린이와 같이 되는 것이 어린이를 교육하기 위해 지녀야 할 첫 번째 전제조건이다. 그러나 그것은 억지로 꾸며서 어린이처럼 해동하는 것, 짐짓 어린이와 같은 말투를 사용하는 것을 의미하지는 않는다. 성인에게 대하듯이 어린이에게도 똑같이 신중한 태도와 세심한 마음과 신뢰를 보여주는 것을 의미한다."

- 엘렌 케이, 『어린이의 세기』 중에서 -

그랬다. 짐짓 어린이인 척 억지로 꾸며서는 될 일이 아니었다. 그것은 마치 놀이동산에서 커다란 인형 탈을 쓰고 아이들을 대하는 것이나 마찬가지여서 굉장히 피곤하고 에너지가 많이 소모되는 일이기 때문이다. 어린 시절의 감수성을 살려내 함께 동화되어 노는 것과 전혀 다른 얘기다. 어린 시절로 돌아가 함께 뛰어노는 것은 에너지를 빼앗기는 것이 아닌, 에너지가 자동 충전되는 일이기 때문이다.

'잘했어'에서 '축하해'로

이런 일들이 가능해지면서 나는 천천히 아이들과의 관계에 변화를 주기 시작했다. 생각해보면 모든 일의 발단은 사랑한다는 이유로 내가 아이들의 삶을 좌지우지하려 했던 것 아니었나. 하여, 나는 천천히 그 주도권을 아이들에게 돌려주기로 마음먹었다.

'아직 아이들이 어리잖아. 어린 아이들에게 삶의 주도권을 준다는 것이 가능한가?'라는 의문이 들 수도 있다. 당연하다. 하지만 달리 생각해보면 삶의 주도권은 항상 아이들에게 있는 것이 맞다. 우리는 단지 도와줄 뿐. 게다가 사랑한다는 이유로 아이들의 삶을 좌지우지하는 행위를 멈추려면, 혹은 '진정한 사랑은 내가 좀 불안하고 아프더라도 상대가 하고자 하는 일을 할 수 있도록 지지해주는 것'이라는 소싯적의 내 생각을 실현하려면, 선행되어야 하는 것이 아이들에게 삶의 주도권을 오롯이 돌려주는 것이라고 나는 생각했다. 그렇다면, 어떻게 돌려준단 말인가? 그 과정에서 나는 우리가 일상에서 사용하는 '말words'의 영향력을 새삼 확인하게 되었다.

우선 일상에서 내가 사용하는 말 중에 주도권이 엄마인 내게 있다는 느낌을 주는 말, 혹은 표현이 있는지 면밀하게 살펴보았다. 우선적으로는 '~해' 혹은 '~해야지' 같은 지시 명령조의 말들이 모조리 걸려들었다. 무뚝뚝하게 하든 친절하게 하든 상대에게 무언가를 시킨다는 것은 본질적으로 칼자루가 내게 있다는 의미다. 주도권이 엄마인 내게 있다는 의미다. 따라서 나는 가급적 지시 명령조의 말을 삼가자고 마음먹었다.

그다음 눈에 띈 것이 '잘했어!'라는 표현. 아이들이 그림을 그리거나, 무엇을 만들거나, 혹은 시험을 잘 보거나 등 무언가 기특한 일을 했을 때, 우리는 '잘했어!'라는 표현을 곧잘 쓴다. 한데 나는 이상하게 오래전부터 이 '잘했어!'라는 말에 반감이 들곤 했다. 무언가 훈련받은 대로 잘했을 때 칭찬하는 느낌이랄까? 강아지들이 던진 공이나 스틱을 물어 와도 우리는 '잘했어!'라는 말을 사용한다. 나는 이 말을 바꾸기로 마음먹었다. "축하해!"로.

"축하해"라는 말과 "잘했어"라는 말과 근본적으로 다르다. 전자는 그 모든 것의 결과가 오로지 너로 인한 것임을 전면적으로 인정하는 상황에서 사용하는 말이고, 후자는 그 결과 중 일부는 칭찬하는 사람 본인의 공로도 있음을 전제하에 사용하는 말이기 때문이다. 가르친 어떤 것을 잘 수행했을 때 사용하는 말이기 때문이다. 사실 부모는 일상에서 아이들에게 많은 것을 가르친다. 하여 '잘했어'라는 말을 사용하는 것은 자연스러운 일이기도 하다. 단지, 그 시절 나는 아이들에게 주도권을 돌려주어야 한다는 생각에 몰두해 있었기 때문에 잘했어를 축하해로 바꾸기로 마음먹은 것뿐이기도 하다.

"무엇이든 다 너의 것이야. 기쁜 일도 슬픈 일도. 왜냐하면 너의 인생이거든. 엄마가 해 줄 수 있는 것은 기쁜 일이 있을 때 함께 기뻐해주고, 슬픈 일이 있을 때 함께 슬퍼해주는 것일 뿐 그 이상은 없단다."

이후 나는 아이가 작은 성취라도 이루어 올라치면 "축하해!"를 여러 번 아주 힘차게 외쳐주었다. 물론 처음에는 쉽지 않았다. 말은 그냥 말이 아니라, 관계의 반영이기 때문이다. 관계는 그대로인데 말을 바꾸려니, 무언가 억지스러움이 있었다. 말이 목에 걸려 잘 안 나오는 경우도 많았다. 하지만 말의 힘을 믿었다. 시간이 걸리겠지만 결국 말이 관계를 바꿔놓을 거라고 나는 굳게 믿고 버텼다. 그리고 그 믿음이 끝끝내 빛을 발하기 시작한 것은 내가 "축하해!"를 외치기 시작한 지 약 6개월 정도의 시간이 지난 어느 날부터였다.

"엄마, 국어시험 망쳤어. 열심히 공부했는데 속상해."
"엄마, 나 수학시험 잘 봤어! 100점은 아니지만 괜찮아. 나는 아주 만족해!"

어느 날부터인가 큰아이는 학교에서 치르는 시험 중간중간에 전화로 경과를 알려왔다. 그리고 이에 대해 주변 엄마들은 모두 희한하다는 반응을 보였다.

"이상하다. 보통 애들은 시험을 망치면 엄마한테 혼날까 봐 전화를 하기는커녕 받지도 않는데, 어떻게 이 집 애들은 저런 전화를 하지?"

처음에는 무심코 "그래? 다른 애들은 전화 안 해?" 하고 대꾸했지만, 곧 나는 이것이 우리에게 일어난 중요한 변화임을 알아챘다. '변했구나. 드디어 우리의 관계가 변한 것이로구나.'

'축하해!'라는 표현은 결국 아이의 내면에 변화를 일으킨 것 같았다. 어떤 일이 잘되든 잘못되든, 그것은 온전히 자신의 일로써 누군가의 눈치를 보거나 부담을 가질 필요가 전혀 없다는 사실이 아이의 내면에 깊이 자리 잡은 것 같았다. 그때부터 아이는 부담없이 솔직한 자기 감정을 표현하고, 자신의 상황을 공유해왔다.

나는 너무 기뻤다. 나의 시도가 무의미하지 않았음이 증명되었기 때문이다. 동시에 아이가 제 인생의 주인으로 우뚝 선 것 같아 그것이 무엇보다도 기뻤다. 이후 변화는 가속도가 붙어 엄마가 아이들에게 무언가를 시킨다거나, 아이들이 엄마 눈치를 보아 무언가를 해야 하는 일들이 우리 집에서는 빠른 속도로 사라졌다. 대신 어떤 결과이든 온전히 자신의 몫이며, 좋은 결과를 원하면 그만큼 해야 한다는 것을 아이들은 스스로 깨우쳐 나갔다. 그 결과 내가 더 이상 괴물이 될 위험이 사라졌고, 나 또한 아이들이 아닌 나 자신에게 집중하기 시작했다. 나 또한 내 삶의 주인이 되어야 하므로.

20년이 지난 지금도 우리 집에서는 여전히 '잘했어'라는 말을 사용하지 않는다. '축하해'라는 말을 사용한다. 지시 명령조의 말도 사용하지 않는다. 당연히 잔소리도 없다. 지적하는 일도, 무언가에 불만을 가지는 일도 거의 없다. 각자의 삶을 열심히 사는 다섯 명이 모여 있는 것뿐이다. 가끔이지만 누가 누군가를 지적하거나 불만스러워하는 사람이 생기면 우리는 그 사람에게 다가가 귀에 대고 살짝 이야기한다. "이 세상에서 우리가 어찌할 수 있는 건 자기 자신뿐임을 잊지 말자. 남의 맘을 내 맘처럼 쓸 수는 없는 법이야."라고. 그것으로 충분하다.

평화의 시작은 서로를 인정하는 것부터가 아닌가 싶다. 서로를 인정한다는 것은 서로가 각자 제 인생의 주인임을 인정한다는 것이고 말이다. 그런 의미에서 "축하해!"는 우리 집에 진정한 평화를 가능케 해 준 마법 같은 말이다.

인생의 주인이 된다는 것의 의미

물론 말 한마디 바꿨다고 아이들이 곧바로 제 인생의 주인이 되는 것은 아니다. 한 사람이 제 인생의 주인으로 바로 서기 위해서는 그 방향으로 계속해서 가려고 노력하는 오랜 시간이 필요하다. 그리고 그 노력은 간혹 포기하고 싶은 유혹에 직면하기도 한다. 내가 흔들릴 때도 있었고, 아이가 흔들릴 때도 있고 말이다. 한번은 이런 일이 있었다.

"엄마, 엄마는 오후 3시나 4시쯤 되면 뭐 해?"
"엄마? 음… 글쎄 별일 안 하는데… 낮잠을 자나?"
"근데 왜 데리러 안 와?"

중학교 때부터 악기를 전공한 큰아이는, 가방과 악기를 동시에 들고 다녀야 하는 특성 때문에 늘 등하굣길이 힘들었다. 하여, 다른 엄마들은 모두 하교 시간에 맞춰 학교 앞에 차를 대놓고 기다리는데 엄마는 왜 그렇게 하지 않는지를 묻는 것이었다. 게다가 공부만 해도 힘들 판국에, 실기까지 해야 하는 아이들의 상황상 시간을 절약하기 위해서라도 엄마의 라이딩은 필수인 상황. 그런데 우리 엄마는 바빠서 못 오나? 그 시간에 다른 무슨 중요한 일이라도 하나? 싶어서 큰아이는 내게 물은 것이었다. 아이의 질문에 한참을 곰곰이 생각한 나는 이렇게 대답했다.

"그건 말야… 음… 이해하기 힘들겠지만, 달리 설명할 방법이 없구나. 엄마가 바빠서도 아니고, 가기 싫어서도 아냐. 때로는 가고 싶어도 참는단다. 왜인 줄 아니? 그건 네 인생이기 때문이야. 다른 이유는 없어."

이해한 것 같기도 하고, 못 한 것 같기도 한 큰아이. 하지만 오랜 시간을 두고 곰곰이 생각해 보았을 것이다. 그리고 그로부터 2년여의 세월이 흐른 어느 날, 나는 큰아이로부터 다음과 같은 말을 들을 수 있었다.

"엄마가 왜 그랬는지 이제는 조금 알 수 있을 것 같아. 왜냐면 요즘 나는 내가 다른 아이들과 다르다는 생각을 할 때가 많거든. 대부분의 내 친구들은 아직도 엄마가 다 알아서 해주고 자기들은 그저 연습만 하면 된다고 생각하는데, 나는 그게 진짜 이해가 안 가거든. '어떻게 자기 인생을 저렇게 남한테 맡기고 나 몰라라 하며 살 수가 있지?' 하는 생각이 들어서 말야. 그게 아무리 엄마라 해도 말야. 나는 버스 타고 지하철 타고 왔다 갔다 하면서 어떻게 하면 내 인생을 더 잘 살 수 있을까, 어떻게 사는 게 잘 사는 것일까 끊임없이 생각하는데 내 친구들은 그런 생각을 하는 아이들이 별로 없어. 나는 정말 그게 이해가 안 되거든."

그랬다. 아이는 악기를 메고 가방을 메고 혼자 힘겹게 학교와 레슨실, 그리고 집을 오갔지만, 그래서 시험 공부할 시간, 연습할 시간을 많이 잃었지만, 대신 자신의 인생을 잃지는 않았다는 말을 하는 것이었다. 매 순간 자신의 두 발로 한 걸음 한 걸음 걸어 다니며 어떻게 살지, 어떻게 하면 더 잘 살지를 고민하다 보니 어느 순간 자신은 자신의 인생을 살고 있더라는 이야기를 하는 것이었다. 반면, 엄마가 태워다 주는 차 뒷좌석에 앉아 잠을 자거나 핸드폰을 보며 쉰 아이들은, 그렇게 도착한 연습실에서 더 많이 연습하거나 더 많이 공부한 친구들은 역설적이게도 '자기 인생'이 무엇인지, 이게 '자기 인생'인지 '엄마

인생'인지도 모르는 상태에 빠져 있더라고 큰아이는 이야기하고 있는 것이었다. 놀라웠다.

사실 내가 그렇게까지 한 이유는 '아이 인생'이기 때문이기도 하지만, 나의 학창시절을 떠올린 결과이기도 했다. 나는 걸어서 약 30~40분 거리의 고등학교를 다녔었는데, 아침저녁으로 그 길을 걸으며 이런저런 생각을 많이 했던 기억이 있다. 대학에 가서도 버스나 지하철을 타고 오가는 시간은 내게 생각하는 시간이었다. 사람들에 대해 생각하고, 세상에 대해 생각하고, 산다는 것에 대해 생각하는 그런 시간들이었다. 이후 인생을 살면서 그때 그 시간들이 없었다면 참 힘들었겠다 싶은 순간들을 많이 만났다. 전혀 예상치 못한 어떤 상황 앞에서도 내가 묵묵히 문제를 해결하며 살 수 있었던 것은, 바로 그때 그 시절 수없이 많은 생각을 해 보았기 때문이라고 나는 생각하곤 했다.

하여, 우리 아이들에게도 그런 시간이 많이 필요할 것이라고 생각했다. 그래야 앞으로 인생을 살면서 만나는 수많은 순간 속에서 차분히 자신의 생각을 가다듬어 문제를 해결해 나갈 수 있을 것이라고, 나는 그렇게 생각했다. 그런데 바로 그 일들이 내 바람대로 잘 일어나고 있다고, 그렇다고, 큰아이가 말한 것 아닌가. 나는 감격스러웠다. 그래, 이렇게 커 나가면 잘 자랄 수 있을 거야. 나는 아이들이 제 삶의 주인으로 차근차근 자리 잡아가는 모습을 보는 것이 그렇게 즐거웠다.

물론, 아이가 많이 힘들어할 때면 내 마음이 흔들리기도 하고, 실제 차를 가지고 학교 앞에 가서 기다리는 날도 있었다. 하지만 '너의 일을 엄마가 도와주는 것일 뿐, 이것이 엄마가 응당해야 하는 일은 아니야.'라는 입장은 언제나 명확히 했다. 제 삶의 주인이 누구인지 잊지 않으려는 노력이었다.

"나는 엄마가 나 라이딩해 주는 거 당연하다고 생각 안 해. 지금 고3이니까 특별히 해 주는 거지, 이건 본래 내가 해야 하는 일인데 엄마가 특별히 도와주는 것이라고 생각해. 그래서 고마워!"

훗날 고3이 된 막내가 한 말이다. 자기 삶이 존중받은 만큼, 다른 사람의 삶도 존중할 줄 아는 멋진 아이들. 우리 아이들과 나는 그렇게 하루하루 새로운 질서를 만들어 나갔다.

사랑과 폭력 사이

 이제 조금 다른 이야기를 해 보자. 조금 무거운 이야기일 수도 있지만, 이 또한 그 시절 내게는 매우 중요한 깨달음이었기에 다시 한번 들춰보고자 한다. 이를 위해 앞의 그 사건으로 또다시 돌아가 보자.

 사실 Y에게 책을 집어 던진 바로 그 사건을 통해 내가 발견한 것은, 단지 잘못된 방식의 사랑이라거나, 아이들의 삶을 좌지우지하려는 엄마로서의 내 모습 정도가 아니었다. 그보다 더 깊고 음습한 곳에 똬리를 틀고 있는 진짜 문제. 바로 '아이들에게 폭력을 행사하는 나'를 발견한 것이다. 그렇다. 내가 그날 Y에게 행사한 것은 폭력이었다. 다른 말로 돌릴 수 없다.

내가 그렇게 폭력적인 사람이었단 말인가? 그것도 내가 너무나 사랑하는 나의 아이들을 상대로! 기가 찬 일이었지만, 사실이었다. 그때부터 나는 나의 폭력성을 들여다보기 시작했다. 도대체 어떻게 해서 멀쩡하던 내가 사랑하는 아이들에게 폭력을 행사하는 사람이 되었단 말인가.

물론 가장 단순하게는 너무 지치고 힘든 시간이 오래되다 보면 짜증이 쌓이게 되고, 그렇게 쌓인 짜증이 어느 순간 어떤 계기를 만나 폭발한 것이라 이해할 수 있다. 심리학에서 말하는 '방아쇠 효과'라는 것 말이다. 그러나 그 정도로 나의 폭력성을 양해하고 넘어갈 수는 없었다. 사랑하는 나의 아이들을 향해 분출되는 폭력의 더 뿌리 깊은 근본 원인을 발견하지 못하면, 언제 다시 내가 괴물이 될지 알 수 없는 일 아닌가. 하여, 나는 깊이 더 깊이 들여다보기 시작했다. 그러다 보니 숨겨져 있던 진짜 이유가 보이기 시작했다. 아이들과 나 사이에 깨어진 힘의 균형이 말이다.

우리는 통상 대등한 힘을 가진 두 사람이 겨루는 것을 두고 '싸움'이라 한다. 그러나 한쪽의 힘이 다른 한쪽에 비해 일방적으로 큰 경우,

그 두 사람 사이에 '싸움'은 불가능하다. 대신 '폭력'이 발생하기 쉬운 상태라고 말한다.

생각해 보니, 아이들과 나는 근본적으로 폭력이 발생하기 쉬운 상태에 있었다. 힘의 균형이 깨어진 상태 말이다. 아직 어린 아이들은 엄마인 나에게 의존할 수밖에 없는 절대적 약자들이고, 나는 그 아이들을 보호하는 절대적 강자였기 때문이다. 게다가 아이들과 나의 관계는 매우 사적인 영역에 속한다. 공적인 영역에서는 힘의 균형이 깨어져 있어도 폭력적인 상황으로 치닫기가 쉽지 않은 데 비해, 사적인 영역에서의 힘의 불균형은 다르다. 외부로 드러나지 않기 때문이다. 힘의 균형이 깨진 상태에서 은밀한 사적 영역이라니! 나의 폭력성은 그러한 조건하에서 슬그머니 고개를 쳐든 것이었다. 음습한 곳에 피는 곰팡이처럼.

그 순간 나는 깨달았다. 내가 신경 써야 하는 것은 '아이들을 어떻게 키울 것이냐'의 문제뿐 아니라, '나로부터 아이들을 어떻게 보호할 것이냐'의 문제도 있다는 사실을. 나는 불완전했다. 나의 폭력성은 언제든 다시 고개를 쳐들 수 있었다. 이후 '아이들을 어떻게 키울 것인가'에 대한 나의 고민은 항상 사랑과 폭력의 긴장 관계 속에서 발전해 온 것 같다. 사랑하지만 절대 폭력적이어서는 안 된다. 그리고 생각을 거듭하면 할수록 폭력의 범위는 점점 넓어져, 이제는 책을 집어 던지는 행위뿐 아니라, 도와준다는 미명하에 나의 기준을 은근슬쩍 밀어 넣는 행위, 엄마의 마음이라는 이유로 아이들을 걱정스럽고 한심한 존재로 바라보는 시선까지 내 기준에서는 모두 폭력이 되었다. 이 세상 어느 누구도 다른 사람을 한심한 존재로 바라볼 권리는 없다. 누군가 나를 그런 시선으로 바라보기를 원치 않는다면, 나 또한 다른 사람을 그런 시선으로 바라보아서는 안 된다는 단순한 논리에서다.

물론 사람마다 생각이 다를 수 있다. 뭘 그렇게까지 확대해석을 하느냐고 할 수도 있다. 하지만 적어도 그날 내가 발견한 건, 우리는 누구나 부지불식간에 우리의 작고 소중한 존재들에게 칼을 휘두를 수 있는 사람들이라는 사실이었다. 그리고 그 순간 우리의 작고 소중한 존재들은 그 칼끝에 서게 된다. 사랑하는 우리 아이들이 칼끝에 서 있는 모습이라니! 상상하는 것만으로도 가슴이 미어졌다. 그러니 이를 미리 인식하고 미연에 방지하는 것이 당시 내게는 중요했다. 너무 중요했다.

철이 든다는 것

P의 이야기를 한번 해 보자. P는 세 살 터울의 누나와 두 살 터울의 여동생을 둔 남자아이, 우리 집 둘째이다. P는 어려서부터 잔머리 대마왕, 꼼수의 지존이었다. 물론 해야 하는 일은 언제나 성실하게 했지만, 굳이 특성을 꼽자면 그렇다는 얘기다. '어떻게 하면 오늘 하루 좀 즐겁게 놀아볼까?', '어떻게 하면 우리 엄마 기분을 좋게 해 노는 시간을 좀 더 확보해 볼까?'가 매일매일 하는 P의 고뇌. P에게 있어 노는 것은 모든 것의 시작이자 끝인 것 같았다. 어렸을 때는 말이다.

"엄마! 오늘 맥주 한잔?"

본인이 술을 마시는 것도 아니면서, 늘 그렇게 나를 맥주 한잔의 유혹에 밀어 넣는 아들의 바람은 뻔하리라. 맥주 한잔하고 내가 기분이 헬렐레 좋아지면, 그때를 틈타 신나게, 아주 신나게 한바탕 놀아보자는 심산 아니겠는가? '요놈, 내가 모를 줄 알고?' 하면서도, 나는 늘 그 꼼수에 넘어가 주고 싶었다. 세 아이를 키우면서 매일매일 힘에 부치기도 했고, 때로는 귀여운 아들의 철없는 소원을 못 이긴 척 그냥 들어주고도 싶어서. 한데 그 시간이 그렇게 좋았는지, 한번은 미술수업 시간에 다음과 같이 그려 선생님을 깜짝 놀라게 한 적이 있다는.

2010년쯤 P가 그린 '밤'에 대한 단상. 그림에는 무덤 위에서 춤추는 여우가 있다. 하늘에는 불꽃이 팡팡 터지고. 여우는 왜 춤을 추고 있는 것일까? 그것도 무덤 위에서! 아마도 그 옆에 놓여 있는 맥주를 마셨나 보다. MAX~!!!

어느 맥주회사 광고로 써도 무방하리만치 손색없는 표현! 맥주를 마심으로써 어둡고 갑갑하던 밤하늘이 갑자기 불꽃이 팡팡 터지는 신나는 하늘로 변한다는 상상력! 이 그림을 보고 미술 선생님은 "세 아이 중 만일 미술을 전공하는 아이가 나온다면 그건 아마 P일 거예요."라고 말씀을 남기셨다. 그리고 이 말은 훗날 어느 정도 맞아떨어졌다. P가 미술을 전공하지는 않았지만, 그와 유사한 분야에 상당한 관심과 감각을 보였기 때문이다.

그런데 이렇게 놀기 좋아하고, 꼼수 좋아하던 P에게도 이 세상을 꼼수로만 살 수 없다는 것을 배울 수밖에 없는 때가 찾아왔으니, 바야흐로 P가 4학년이던 어느 가을의 일이다.

하루는 학교를 다녀온 P가 말했다.

"엄마, 나 내일 시험이야. 그래서 오늘 공부해야 해."

"호, 그래? 엄마가 뭐 좀 도와줄 건 없고?"
"일단 공부해보고 얘기할게. 목표 점수는 70점이야."

목표 점수는 담임선생님이 정해주셨다고 했다. 시험이 어렵거나, 혹은 그 전 P의 점수가 낮아 점차 올리자는 의미에서 낮은 목표 점수를 정해주셨겠거니 생각했다. 그리고 공부하는 P를 응원했다. 다음 날, 학교를 다녀온 P는 현관문에서부터 다음과 같은 말을 큰 소리로 되뇌며 집에 들어섰다.

"이럴 수는 없어. 어떻게 이럴 수가 있냐고. 아니, 도대체 못 봐도 못 봐도 유분수지, 어떻게 이렇게 못 볼 수가 있어!"

평소에도 본인이 좀 곤란하다 싶으면 과장되게 행동하는 측면이 있는 잔머리에 꼼수 대마왕 P였기에 나는 속으로 피식 웃음이 났지만, 짐짓 진지한 척하며 다시 물었다.

"왜? 얼마나 못 봤길래? 목표 점수를 못 넘은 거야?"
"당연하지. 넘었으면 내가 이러지도 않지."
"음… 도대체 몇 점이길래…?"
"아냐. 말할 수 없어. 도저히 내 입으로 말할 수 없다고. 이건 점수라고 할 수가 없거든."

"괜찮아. 얘기해 봐. 대체 얼마나 못 봤길래 그래? 70점은 당연히 못 넘었을 테고. 그럼… 60점?"

"내가 그 정도면 이러겠어? 그 정도만 되면 내가 이러지도 않지."

"흠… 그럼… 50점?"

"아냐 아냐 말 못 해…."

"아니… 그럼 혹시 50점도 못 넘었단 말야?"

스무고개 끝에 나는 P의 점수가 49점이라는 것을 알아냈다.

"에고. 어쩌냐… 실망했겠네. 어제 밤늦게까지 공부했는데. 시험이 어렵긴 어려웠나 보다. 그러니 선생님이 미리 준비하라고 일러도 주시고, 목표 점수도 정해주셨지. 그래, 이제 어떻게 하면 되는데?"

"선생님이 오답노트 써 오랬어. 그러니 나 들어가서 오답노트 쓸래."

"혼자 할 수 있겠어? 오답노트 하는 거 쉽지 않은데…."

"응. 할 수 있어."

실은 49점이라는 점수가 나에게도 충격이었지만, P의 괴로움이 우선이기에 내 충격은 나 혼자 감당하기로 하고 오답노트를 쓰러 들어간 P를 격려했다. 그리고 두어 시간 만에 나온 P에게 물었다.

"혹시 오답노트 한 거 엄마가 한번 봐도 될까?"

이유는, 아무리 생각해도 오답노트 하는 것이 쉽지 않았을 것 같기 때문이었다. 사실 오답노트는 정답을 알아야만 할 수 있는 것인데, 정답을 그리 쉽게 알면 애당초 문제를 틀리지도 않았을 것 아닌가. 하여, 나는 P가 오답노트를 제대로 하지 못했을 가능성이 크다고 생각해, 도와주고 싶었던 것이다. 선생님이 정해주신 목표 점수도 못 받았는데, 오답노트도 엉망으로 해 가는 상황을 만들어주고 싶지 않아서 말이다. 그런데 P의 반응이…

"어? 어… 글쎄… 내가 잘 하긴 했는데….'

무언가 이상한 낌새를 눈치챈 나는 다시 한번 P에게 정중히 보여줄 것을 요청했고, P는 나의 요청에 어쩔 수 없이 오답노트를 들고 나왔다. 그렇게 해서 보게 된 P의 오답노트는 아니나 다를까 정답 대신 문제가 빼곡히 베껴져 있는 상태. 이는 오답노트를 하긴 해야겠는데 정답을 모르는 상황에서 아이들이 선택하는 전형적인 방법 아닌가? 그래도 무언가 했다는 것을 보여주기라도 해야겠어서.

"음… 아무래도 엄마가 좀 도와줄 필요가 있는 것 같구나. 괜찮아. 정답을 네가 다 알고 척척 풀 수 있으면 애당초 이렇게 틀리지도 않았지. 원래 오답노트가 쉽지 않은 거란다. 엄마가 도와줄 테니 우리 이거 다시 작성해보면 어떨까?"

그런데 진짜 문제는 지금부터다. 오답노트 작성을 도와주기 위해 시험지를 직접 보아야겠다고 생각한 나는 P에게 시험지를 가져와달라고 요청했고, 노트에 쓴 문제가 시험문제라고 우기다 결국 나의 요청에 우물쭈물 들고나온 P의 시험지에는 49가 아닌 39라는 숫자가 적혀 있는 것이 아닌가!

'어? 49점이 아니라 39점이네… 흠… 이거 거짓말 아닌가?'

나는 순간 머리가 띵했다. 그리고 차분히 물었다.

"49점이 아니고 39점이네?"
"어? 그… 그러네… 내가 49점이라고 그랬나?"

머리가 복잡했지만, 그 자리에서 바로 채근하면 '틀린 문제를 다시 풀어보며 진짜 공부를 하는' 중요한 순간을 망칠 것도 같아 모든 것은 뒤로하고 일단 틀린 문제를 꼼꼼히 다시 풀어보며 '아, 그렇구나. 이 문제는 이렇게 풀면 되는 거구나!' 하고 생각할 수 있도록 도왔다. 하나하나 친절히 여유를 가지고. 그렇게 하나하나 오답을 정답으로 바꾸어주니 그제야 P의 마음도 안정되는 듯 보였다. 시험 점수로 인한 충격에서 조금은 벗어나는 것 같았다.

모든 것이 끝난 후, P는 이제야 모든 것이 해결되었다는 얼굴이 되어 방에 들어가 내일 학교 갈 채비를 하겠노라고 말했다. 나는 그러라고 했고, P는 그렇게 방에 들어갔다. 그리고 잠시 후. 무언가 할 말이 있어 P의 방문을 연 나는 예상치 못한 장면을 보게 되었다. 책가방을 챙기는 P의 눈에서 닭똥 같은 눈물이 뚝뚝 떨어지고 있는 게 아닌가.

"어? 왜 울어? 왜 그래? 무슨 일이야?"

당황하여 내가 묻자, P는 복받치는 감정을 주체할 수 없는 듯 그때부터는 아예 소리까지 내며 엉엉 하고 흐느껴 울기 시작했다.

"흑 흑흑 흑흑흑… 나도 내가 이렇게까지 못 볼 줄은 몰랐어… 이 정도까지 못 볼 줄은… 흑흑흑."

그래, 그랬던 것이다. 이 세상에 시험을 망치고 싶은 사람이 누가 있겠나. 단지 아직 어린 아이이다 보니 원하는 점수를 얻기 위해 어느 정도 공부해야 하는지 감이 없었을 뿐. 39점이라는 점수가 P에게도 충격이었던 것이다. 게다가 이 점수를 엄마에게 어떻게 말할 것이며, 여전히 모르는 문제투성이인데 오답노트는 또 어떻게 해 간단 말인가. 일은 벌어졌고, 해결해야 할 과제는 첩첩산중인 상태. 충격과 걱정에 마음이 천근만근이었으리라. 애써 짐짓 괜찮은 척했지만, 평소처럼 과장되게 표현하며 마음을 숨기긴 했지만, 실은 어찌 마음이 무겁지 않고, 참담하지 않았겠는가. 엄마에게 거짓말한 것이 들통나는 무참한 상황도 지나가고, 어쨌든 모든 일이 해결된 지금, P의 마음은 무너진 것이다. 그리고 눈물이 쏟아진 것이다. 나는 P의 마음이 충분히 이해가 갔다.

"그럴 수도 있지. 사람이 살다 보면 그럴 수도 있는 거지 뭘 그래. 이번 기회를 계기로 삼아 앞으로는 공부에 좀 더 신경 쓰고 그러면 되지. 울지 마…."

나도 코끝이 찡해져 눈물이 나려는 걸 간신히 참으며 P를 다독였다. '살다 보면 그럴 수도 있는 거란다. 네가 그렇게 눈물을 흘릴 정도로 마음이 무거웠으면 됐어.'

그날 이후, P는 180도로 달라졌다. 자신이 왜 학교에 가는지, 교실에서는 무엇을 해야 하는지, 명확하게 이해하는 것 같았다. 무언가 의젓해졌고, 진지해졌다고나 할까? 학교는 놀러 가는 곳이고, 공부 시간은 쉬는 시간을 위해 존재한다는 식의 생각은 이제 더 이상 P에게서 찾아볼 수 없었다. 그때 나는 '아, 우리 P가 이제 드디어 철이 드는구나.' 하고 생각했던 것 같다. 그리고 지금까지도 그 상태.

P는 언제나 모든 것을 성실하게 본인이 알아서 해 나간다. 아들들은 딸들보다 엄마의 손이 많이 간다고들 하는데, P의 경우는 딱히 그렇지도 않았다. 중학교 3년, 고등학교 3년을 보내면서도 한 번도 문제를 일으킨 적이 없었으며, 특히 대입준비를 할 때에는 학교 선생님들께 직접 도움을 청해가며 스스로 입시 준비를 해 나갔다. 이런 걸 전화위복이라고 하는 거겠지.

한데, 나는 가끔 과거 천둥벌거숭이 시절의 P가 그립다. 자나 깨나 놀 궁리만 하고 잔머리에 꼼수 대마왕이었던 어린 시절의 P가 말이다. 남자아이라서 더 그런지 몰라도, P는 어려서부터 놀 때는 필름이 끊어지는 것 같았다. 한번은 노는 일에 너무 몰두하다 보니 며칠 동안 화장실 가는 것을 까먹어 심한 변비에 걸린 적도 있었다. 노는 순간에는 자신의 정체성조차 바뀌는 것 같았다. 공룡에서 로봇으로, 비행기에서 외계인으로. 변신의 귀재! 난 그 모습들이 너무 예뻤다. 그렇게 푹 빠져 놀 수 있는 때가 인생에서 얼마나 되겠나. 나는 다시는 돌아오지 않을 그 시절을 온전히 지켜주고 싶었던 것 같다.

그래서 나는 아이들이 놀 때 중간에 개입하거나 끊지 않았다. 밥을 먹으라거나, 이제 그만 집에 가자는 소리도 웬만해선 하지 않는다. 배가 고프면 밥 달라고 하겠지. 집에 가고 싶으면 집에 가자고 하겠지. 나는 항상 아이들이 무언가에 홀딱 빠져있으면, 스스로 빠져나올 때까지 기다렸다. 오래오래.

자기 자신에 대한
실망을 이겨내는 법

앞 사건에 대한 이야기를 조금 더 해 보자. 방문을 열어보니 P는 회한의 눈물을 흘리고 있었고, 그 모습을 본 나는 '그래, 네가 그렇게 눈물을 흘릴 정도로 마음이 무거웠으면 됐어.'라고 하는 것으로 모든 일이 마무리되었다고 했다. 그리고 그 이후 P가 180도 달라졌다고 했다. 그렇다면, 그 순간 P에게 구체적으로 어떤 일이 일어난 것일까?

당시 나는 정말 P가 그 하루 동안 짊어졌을 고통의 무게를 생각하며, 그 고통의 무게를 감내한 것만으로도 P가 받아야 할 형벌은 다 받았다고 생각했다. 시험 성적뿐만 아니라, 엄마인 나에게 거짓말을 한 것과 관련해서도 마음이 편했을 리 없다. 방에 들어가 오답노트를 쓰는 그 시간에도, 엄마에게 솔직히 말하지 못한 탓에 도움조차 구하지 못하는 자신의 처지에 얼마나 스스로 비참해하고 책망했을 것인가. 그 심정에 대해 충분히 짐작하고도 남는 바가 있어, 나는 더 이상 무어라 하지 않기로 했던 것이다.

때로 우리는 자기 자신에게 실망한다. 그것만큼 가혹한 것도 없다. 남이 나에게 실망하는 것이야 잠시 슬퍼하면 그만이지만, 내가 나에게 실망할 때에는 참 대책이 없기 때문이다. 어디 도망갈 데도, 숨을 데도 없다. 다른 사람이 내게 실망하는 것과 비교할 수 없을 만큼의 큰 슬픔이 가슴 저 밑바닥에서부터 솟구쳐 오른다. 누가 욕이라도 해주면 좋으련만, 그럴 사람도 없다. 오롯이 나의 몫이다. 이 상황에서 우리를 다시 살게 하는 힘은 무엇일까?

그날 P에게 일어난 일은 바로 그러한 종류의 일이었다고 나는 생각한다. 그리고 아마도 P는 그 상황에서 자기 자신에 대한 실망을 이겨 내는 법을 배웠다고 생각한다. 삶에 대한 태도를 바로 세우는 것을 통해!

훌륭한 일이 아닐 수 없었다. 참담한 상황 속에서 자신이 깨닫고 배워야 할 것을 정확히 찾아 받아들이는 모습이라니! 목표 점수를 통과해 기분 좋게 하루를 보냈다면, 절대 얻을 수 없었을 깊은 깨달음. 그러한 깨달음을 얻어가는 자식을 볼 때 느껴지는 기쁨이, 아이가 100점을 맞아와 내게 안겨줄 때 느껴지는 기쁨보다 훨씬 크고 깊을 것이라고 나는 감히 말하고 싶다. 왜냐면, 인생은 그리 녹록한 것이 아니기 때문에. 살면서 우리는 숱하게 타인에게 실망하고, 스스로에게 절망하는 순간들을 만나기 때문에. 그 순간을 어떻게 이겨낼 것인가가 시험 점수를 잘 받아 나중에 좋은 학교에 가고 좋은 직장에 가는 것보다 더 중요하기 때문에! 나는 이러한 깨달음이 차곡차곡 쌓여 한 사람의 내면이 형성되고 그 사람의 세계가 갖추어지는 것이라 믿었다. 그리고 훗날 엘렌 케이의 책 『어린이의 세기』에서 다음의 구절을 발견했을 때, 나는 또다시 무척 반가웠다.

"(…) 어린이들의 실수 앞에서 열 번 중 아홉 번을 눈감아 주는 것, 직접적인 간섭을 경계하는 것, 그 대신에 어린이가 성장할 수 있는 환경의 조성에 주의를 집중하는 것, 그리고 자기 스스로 행하는 교육에 주목하는 것, 이것이 자연적 교육을 실천하는 기술이다. (…) "

나도 속으로는 많이 당황하고 미숙했지만, 나름 잘 대처했던 것이로구나 하고 스스로를 칭찬했던 기억이 난다.

한편, 이 구절은 나중에 함께 책을 읽은 엄마들이 가장 좋아했던 구절 중 하나다. 여기서 '좋아했던'이라는 표현은 '가장 많이 밑줄을 그었던'이라는 뜻이다. 즉, 많은 엄마들이 '아, 내가 그랬구나.' 하고 자기 자신을 돌아보게 된 구절이라는 뜻이다.

"열 번 중 아홉 번을 눈감아주라고 했는데, 저는 열 번 중에 단 한 번도 눈감아주지 않은 거 같아요. 그보다는 매번 지적하고 훈계하면서 어떻게든 아이를 바른길로 인도하려고 했던 것 같아요. 그런데 이상하게도 그러면 그럴수록 아이들은 제 바람대로 되지 않았어요. 이제야 왜 그런지 이유를 알 것 같아요."

"직접적인 간섭을 경계하고 스스로 성장할 수 있는 환경에 집중하기 위해서는 아이에 대한 절대적인 믿음이 있어야 할 것 같아요. 아이가 스스로 반성하고 무언가를 깨달을 수 있다는 믿음이요. 그런데 지금까지 저는 아이가 그럴 수 있다는 생각을 못했던 것 같네요. 왜 저는 아이를 믿지 못하는 걸까요?"

엄마들은 이 구절을 읽으며, 자기 자신을 많이 돌아봤다. 아이들을 믿지 못하는 자기 자신, 아이들에게 올바른 길을 말로 가르치려고 애쓰는 자기 자신, 그 과정에서 스스로 성장할 수 있는 기회를 무수히 빼앗은 자기 자신을 말이다.

"믿고 기다려줘야 하는데, 그게 참 힘드네요."

그렇다는 것을 엘렌 케이도 알았는지, 다음과 같이 구체적인 방법을 제시하기도 했다.

" (…) 현재 부모들이 들이는 수고 가운데 100분의 1 정도만 어린이의 삶을 간섭하는 데에 사용해야 하고, 나머지 100분의 99는 어린이의 삶을 인도하기 위한 것과 눈에 보이지 않는 것을 예견하기 위한 것에 사용되어야 한다. 그 예견을 통해 어린이들은 스스로 경험을 획득하며 그 경험들로부터 결론을 도출할 수 있게 된다. (…) "

어렵게 생각하지 말고, 지금 하는 행동을 100분의 1로 줄이자. 그럼 자연스럽게 100분의 99는 다른 영역에 쓰일 테니.

자신의 꿈을 찾는 일

그렇게 자리 잡아, 그렇게 의젓하게, 속 한 번 안 썩이고 모두 다 알아서 해 온 P였건만, 그런 P로부터 청천벽력 같은 소리를 듣게 되었으니, 그것은 바로 P가 군에 입대하기 직전의 어느 날이었다.

"엄마 아빠가 나한테 그러라고 한 적은 한 번도 없었지만, 그런데도 나는 그렇게 하지 않을 수 없었어."

무슨 말인가 들어보니, 자신이 현재 다니고 있는 학교나 학과는 본인이 원한 것이 아니라 아빠 엄마를 위한 선택이었다는 것이었다.

"왜 그런 선택을 한 건데?"

자세한 내막은 이랬다. 중학교 때까지 축구선수를 꿈꾸며 운동을 하다 뒤늦게 공부를 시작한 P는 어느 순간 이 상태로 가다가는 인서울 하는 것도 힘들겠다는 생각이 들었다고 했다. 어려서부터 선행을 하며 공부만 해 온 아이들과의 경쟁에서 이기는 것도 어려웠지만, 실은 본인은 체질적으로 한국식 시험용 공부가 맞지 않았다고 했다. '시험용 공부가 맞아서 하는 사람이 어디 있나. 우리나라 교육체계가 그러하니 싫어도 맞추는 거지.' 물론 맞는 말이다. 그러나 그 '강요 아닌 강요'를 하지 않는 우리 집 분위기에서 아이들이 알아서 맞추기는 힘들었을 터.

P는 그렇게 이러지도 저러지도 못한 채 고등학교 시절이 흘러갔다고 했다. '뭐, 그럼 인서울 안 하면 되지.' 맞다. 그러면 된다. 엄마 아빠가 그렇게 대학을 강조하는 사람들도 아니니 그냥 편하게 자신이 하고 싶은 일을 찾아, 해 보고 싶은 공부를 찾아 대학에 진학하면 된다. 그래, 그러면 된다. 그런데 P는 그것이 쉽지 않았다고 했다. 문제는 거기서부터 시작됐다.

P 생각에 솔직히 본인이야 어느 학교를 가든 잘 살 자신이 있었지

만, 엄마 아빠의 '체면'을 생각하면 그럴 수 없었다고 했다. 인서울도 못 하면 안 될 것 같은 느낌이 강했다고 했다. 오 마이 갓. '부모의 체면'이라니! 이것이 우리 집에서 나올 수 있는 말이란 말인가!

우리는 단 한 번도 아이들에게 공부 잘해 좋은 대학 가기를 요구한 적이 없다. 우리는 한 번도 아이들이 좋은 대학 가면 우리 체면이 살 거라는 느낌을 준 적도 없다. 적어도 우리 입장에서는 말이다. 오히려 너희들이 하고 싶은 일을 하며 마음껏 사는 게 우리가 원하는 일이다, 또 그렇게 살 수 있도록 돕기 위해 대한민국의 이 강한 경쟁 프레임으로부터 너희들을 지켜내는 것이 우리가 해야 할 일이라는 뜻을 말로, 눈빛으로, 삶으로 수없이 했다고 생각했다. 그러기 위해 내가 그 수많은 책을 읽은 것 아닌가! 그런데 그런 우리 집에서 '부모의 체면' 이야기가 나오다니!

우리의 그러한 노력에도 불구하고 사회가 주는 강력한 압력으로부터 아이들은 온전하게 자유롭지 못했던 것이다.

P는 이 속내를 털어놓으며 39점을 받아 마음고생 했던 그때처럼 눈물을 뚝뚝 떨어뜨렸다. 낼모레 군대 갈 다 큰 아들의 눈물에 남편과 나도 마음이 많이 아팠다.

"그래, 하고 싶은 게 무엇인데?"

우리는 물었다. P는 아직 모르겠다고 했다. 그것을 고민해야 할 시간에 다른 고민을 하고 있었으니 당연한 결론이었다. 하여, 이제부터라도 고민할 시간을 좀 갖고 싶다고 했다. P로서는 1~2년 허비한 셈이었다. 안타깝고 미안한 일이었다. 이후 P는 군에 있으면서, 여러 가지 다양한 방면으로 자신의 진로를 새롭게 모색했다.

"나는 지나가는 사람들을 보면 그 사람이 지금 어떤 콘셉트로 옷을 입었고, 무엇을 추구하고 있는지가 단번에 보여."
"난 패션에 관심이 많은 것 같아. 주변에서 감각 있다고도 많이 하고. 실은 난 패션 생각을 하면 가슴이 뛰어."

어느 날인가 무심코 뱉은 P의 말에 내 가슴도 뛰었다.

'그래, 그런 일을 하라고 엄마가 너희를 이렇게 키운 거였는데….'

이번에는 내 눈에서 눈물이 났다. 그러고 나서 생각해보니, P는 어려서부터 패션 감각이 남달랐다. 7살 때인가 동네 아울렛에 흰 셔츠를 사러 간 적이 있었다. 통상은 그냥 엄마가 사다 입히거나, 같이 가

더라도 엄마가 골라주는 대로 입기 마련인 것을, P는 자기가 직접 골라야 한다며 매장에 걸려있는 옷들을 하나하나 살펴보기 시작했다.

"이건 안 돼. 등에 있는 무늬가 너무 화려해."
"이건 단추가 맘에 안 들어."
"이건 천이 별로야."
"이건 어깨가 맘에 안 들어."

당시 매장을 지키던 점원이 깜짝 놀랐던 기억이 난다. 무슨 아이가 (그것도 남자아이가) 이렇게 자기 옷을 디테일하게 고르냐면서. 그뿐만 아니다. P는 한때 분홍색에 꽂힌 적이 있었다. 아주 남성적인 디자인에 전체적으로도 검정계열의 옷인데, 결정적으로 분홍색 포인트가 있는, 그런 옷을 좋아했다. 모자든 추리닝이든, 포인트가 중요했다. 한번은 학원에서 색깔에 대한 이야기를 하다가 분홍과 핑크의 차이에 대한 얘기가 나왔다고 했다. 이에 대한 P의 설명이 너무 진지하고 섬세해 매우 인상적이었다는 이야기를 선생님으로부터 들은 적도 있다.

또 P는 축구를 좋아하기도 했지만, 축구복이나 축구화에도 관심이 많았다. 혼자서 몇 시간이고 열중해 무얼 그리 열심히 하나 가보면, 축구복을 디자인하고 있기 일쑤였다. 한번은 50여 벌의 서로 다른(하

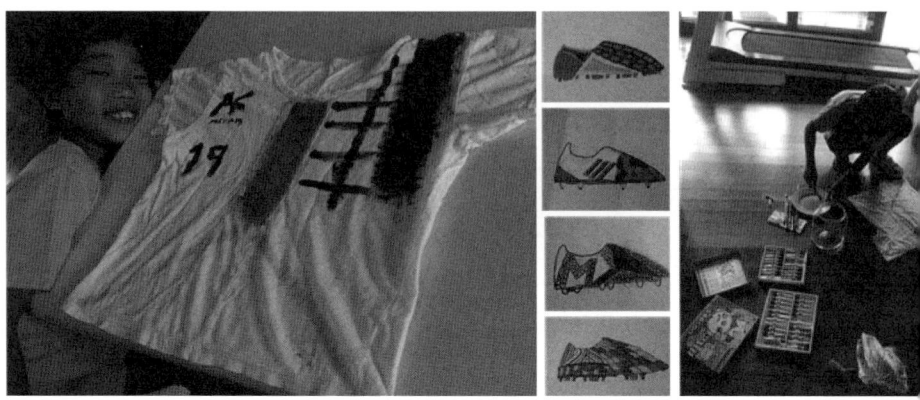

P가 디자인한 축구 유니폼과 축구화들

지만 내게는 다 같아 보이는) 축구 유니폼을 그려 보여주며 "엄마는 어떤 게 가장 맘에 들어?"라고 묻기도 했다. P가 어린 시절 1년 동안이나 나와 눈만 마주치면 물었던 "엄마는 무슨 공룡 좋아해?" 다음으로 진지한 질문이었다. 나는 P가 패션 쪽으로 방향을 틀어도 좋겠다는 생각을 했다.

그렇게 시간이 흘러 P가 제대할 날이 다가왔다.

"그래, 제대 후에는 어떻게 할 거야?"

나의 질문에 P는 충분히 생각했다는 듯 말했다.

"학교 열심히 다니려고. 생각해 보니, 지금 선택한 전공이 아주 나쁜 것 같지는 않아. 나한테 안 맞는 것도 아니고. 일단 2학년까지 열심히 다니고, 그 이후는 그때 가서 결정하려고."

의외였다. 패션에는 더 이상 관심이 없느냐고 물으니, 그건 아니란다. 그냥 취미로 계속 관심을 가질 거란다. 이제 조금 현실에 눈을 뜬 것 같단다. 무얼 하고 싶은지도 중요하지만, 주어진 일을 성실히 하는 것도 중요하다는 생각을 했단다. 이번에는 오히려 내가 아쉬워 "그래도 네가 정말 하고 싶은 것을 찾는 게 좋지 않겠어?" 하고 물었다.

"하고 싶은 걸 찾는 게 그리 쉬운 건 아닌 것 같아. 물론 관심 있는 것이야 이거저거 많지만, 그것들 중 내가 진지하게 나의 직업으로 삼아 살아갈 것이 있느냐고 물으면, 그건 아직 모르겠어. 그래서 나는 내게 주어진 일을 성실히 하나하나 해 나가려고 해. 그러다 보면 기회가 생기겠지. 이 길이 내 길이구나 하는 생각도 생기고 말야. 만일 그때도 그렇지 않으면, 그때 가서 생각해보지. 인생이 생각보다 꽤 길지 않아?"

군대 가기 전 눈물을 뚝뚝 흘리던 P가 아니었다. 훨씬 더 의젓하고 단단해졌다.

"그래, 네가 그렇게 생각한다면 그렇게 해."

맞다. 하고 싶은 걸 찾는다는 게 그리 쉬운 일이 아니다. 대부분 사람들은 자기가 어떤 사람인지, 어떤 일을 하고 싶은지 모른 채로 살아가기도 한다. 나조차도 50이 넘은 지금에 와서야 내가 어떤 사람인지, 어떤 일을 하고 싶은지 어렴풋이 아는 마당에.

하여, 모든 것이 원점으로 돌아왔다. 하지만 변한 게 없는 것은 아니다. 가장 중요한 것이 변했다. 그 삶을 살아갈 P의 마음 말이다. 그런 의미에서 P의 인생은 지금부터 시작이다. 성실히 주어진 일들을 해내며 살다, 자신이 진짜 하고 싶은 일을 만나면 그때부터 그 일에 매진하겠다 이야기하는 P의 결정을 응원한다. 하고 싶은 일을 찾는 것이 쉽지는 않지만, 그것을 끊임없이 꿈꾸며 찾아가는 것이 인생이라는 것을 잊지만 않는다면, 언젠가 반드시 우리가 원하는 지점에 도달해 있을 것이라 생각하며.

한편, P가 군에 있을 때, 나는 P에게 가족을 대표해 편지를 썼던 적이 있다. "너의 인생을 네가 살고 싶은 대로, 네가 살고 싶은 방식으로 사는 것은 너의 권리다. 어떠한 경우에도 그것을 포기하지 말기를. 그것이 비록 우리를 위한 일이라 할지라도. 가족을 대표해서."라고. 그리고 이에 대해 첫 휴가를 나온 P는 내게 말했다. "편지 감동이던걸~?"

지구 한 바퀴 돌아오기

또 다른 얘기를 해 보자. 아이들을 키우면서 가장 어려웠던 것 중 하나가 바로 아이들과의 '문화 차이'.

한때 아이들 사이에서는 모든 말 앞에 '개'를 붙이는 것이 유행이던 때가 있었다.

"그 영화 개재밌지 않아?"
"개짜증."
"개심심해. 뭐 재밌는 것 좀 없나?"
"엄마~ 개배고파!"

듣기에도 별로 좋지 않은 이 유행어 때문에, 나는 하루에도 열두 번 머리가 뜨거워졌다 식었다 했다. 정말이지 개돌아버릴 뻔. 하지만 그렇다고 "그 '개' 소리 좀 안 붙이면 안 되겠니? 정말 듣기 싫어 죽겠다!"라고 할 수도 없다. 그렇게 해 봤자 소용도 없을 뿐 아니라, 괜히 성질 낸다고 되레 역공을 당할 게 뻔하기 때문.

그런데 가만 보니 아이들 사이에서는 '개' 소리를 붙여 말하는 것이 듣기 싫은 소리가 아닌 것 같았다. 너도나도 모두 '개' 소리를 붙여서 그런가? 곰곰이 생각해 보았다. 그리고 깨달았다. 이것이 문화의 차이라는 것을.

큰 틀에서의 문화 차이나 세대 차이는 금세 알아챈다. 그 차이를 있는 그대로 받아들여야 한다는 분위기도 우리 사회에 만연해 있다. 그러나 그것이 문화 차이인지, 세대 차이인지 알아차리기도 전에 거부감부터 드는 경우가 많다. 예를 들면, 힙합은 젊은이들의 문화, 트로트는 나이 든 사람들의 문화라는 것은 아무 문제 없이 받아들이지만, 화장을 하는 젊은 남자들과 외모에 무관심한 나이든 남성들의 격차는 잘 해소되지 않는 식 말이다. 언어 사용도 마찬가지다. 물론 어려서 예쁘게 말하는 법을 배워야 커서도 예쁘게 말하는 사람이 된다는 게 우리 사회의 일반적인 생각이지만, 앞서 말했듯이 이 모든 일반론에 "왜? 왜 그렇게 생각하는데?"라는 질문을 붙이기로 한 내가 생각하기에는, 꼭 그렇지도 않은 것 같았다.

사실 말을 어떻게 하느냐는 그 사람의 내면이 결정한다. 내면이 편안하고 아름다운 사람이 말을 예쁘지 않게 할 리 없다. 내면이 불안하고 늘 불평불만에 차 있는 사람이라면, 아무리 말을 예쁘게 하려고 노력해도 어느 순간 밑바닥이 드러나고 만다. 나는 말을 예쁘게 하라고 가르치기보다는 편안하고 아름다운 내면을 가질 수 있도록 환경을 조성해주는 것이 맞다고 생각하는 입장이다. 하여, 내 귀에 그다지 유쾌하게 들리지 않는 저 아이들의 '개말버릇'도 하나의 문화적 차이로 인정하기로 했다!

"그렇게 '개'를 붙여 말하는 것이 요즘 너희들 사이에 유행인가 보구나. 재미는 있겠다만 내 귀에는 별로 좋지 않네. 그래서 말인데, 그 유행어는 너희들끼리 있을 때만 사용하면 안 될까? 듣기 괴로운 사람이 있는 곳에서는 조금 자중해 주고 말야."

아이들은 쉽게 무슨 말인지 이해했고, 그러겠다고 대답했다. 만일 내가 "너희들은 왜 말을 그렇게 하니?"라고 쏘아붙였다면 절대 나올 수 없는 반응이었다.

이런 식으로 나는 아이들과의 문화 차이를 극복해 보려 노력했던 것 같다. 아이들의 눈으로 세상을 바라보기 위해 노력하면서 말이다. 그리 쉽지는 않았다. 도저히 이해되지 않는 상황도 많았다. 하여, 우숨터를 할 당시 함께 책을 읽는 사람들과 이 과정에 이름을 붙였다. 일명 '지구 한 바퀴 돌기'라고.

'지구 한 바퀴 돌기'는 우리와는 다른 아이들과 함께 살아야 하는 운명의 사람들이 아이들을 이해하기 위해 행하는 피나는 노력을 의미했다. 이렇게도 생각해보고, 저렇게도 생각해보고, 내 어릴 적도 생각해보고, 커서도 생각해보며 지구 한 바퀴를 돌 듯 천천히 오랫동안 생각하다 보면 처음에 절대 이해할 수 없다고 생각했던 상태에서 조금씩 벗어나 차츰 '그럴 수도 있지.', '그래, 그래서 그랬을 거야.' 하는 상태로 넘어가게 된다는 의미다. 그 상태가 되면 감정적으로 반응하지 않을 수 있고, 따라서 아이들과 조금 더 차분하고 효과적으로 대화할 수 있게 된다.

'지구 한 바퀴 돌기'에는 다른 이름도 있다. '두 번째 생각부터 말하기'이다. 어떤 상황에서 첫 번째 드는 생각은 감정적일 수 있다. 감정이 올라온 상태에서는 내가 하고자 하는 말이 정확히 전달되기 힘들다.

"몰라. 엄마가 왜 그렇게 화가 났는지. 뭐라 뭐라 그러는데, 여하튼 내가 보기엔 화가 난 것 같더라고."

이런 반응을 이끌어내기 십상이기 때문이다. 하여, 우리는 감정이 아닌 이성의 단계에서 이야기하기 위해 위와 같은 원칙을 세웠었다. '두 번째 생각부터 말하기'라는. 그리고 그 두 번째 생각을 말하기 위해서는 그 사이 지구 한 바퀴를 돌아와야 했다. 지구 한 바퀴를 돌고 오면 마음이 순해진다. 따라서 말도 순해진다. 때로는 말을 할 필요가 없어지기도 하고 말이다.

한번은 부모를 넘어서 보고 싶은 욕구가 한창인 P의 언사가 갈수록 거칠어지던 때가 있었다. 하나, 둘, 셋… 가짓수가 점점 늘어가던 어느 날, 나는 P에게 차 한잔을 함께하자고 요청했다. 최근 자신의 말과 행동에 부적절한 부분이 있었음을 눈치껏 알고 있던 P는 테이블에 앉자마자 말했다.

"제가 요즘 잘못한 것이 많지요?"
"아냐. 그렇지 않아. 몇 가지 부적절한 것이 있긴 하지만, 그 외에는 아주 잘하고 있단다."

그러면서 나는 제안했다. 요즘 네가 사용하는 언사 중 몇 가지에 대해 그 적절성을 따져 보자고. 우리는 당시 P가 곧잘 사용하던 몇 가지 표현들을 테이블 위에 올려놓고, 하나하나 더 사용해도 될 것인지 말 것인지에 대해 논의해 보았다. 그리하여 부적절하다고 판단된 표현들에 대해서는 더 이상 사용하지 않는 것으로.

세월이 흘러 이제 20대가 된 P는 더 이상 내게 부적절한 언사를 사용하지 않는다. 그뿐만 아니라, 요즘은 곧잘 이런 말을 해 나를 감동시키기도 한다.

"나는 내가 자란 방식에 대한 프라이드가 있는 것 같아. 내가 정말 잘 자랐다는 생각을 할 때가 아주 많거든."

지구를 수백 바퀴 돈 보람이 있다.

비교하지 않고 키우기

한편, 서로 다른 것은 부모와 아이들만이 아니다. 아이들끼리도 모두 다르다.

우리 집에는 세 아이(지금은 세 명의 청년)가 있다. 사려 깊고 따뜻한 Y와 자유로운 영혼 P, 그리고 욕심 많고 승부욕 강한 J이다. 이미 수식어에서도 드러나듯이 이 세 아이는 서로 다르다. 그런데 엄마는 나 한 명이다.

나무는 나무로, 물고기는 물고기로, 새는 새로 키워야 한다는 말을 많이 한다. 누가 그걸 모르나. 한 명의 동일한 엄마가 나무도 되었다가 물고기도 되었다가 새도 되어야 하니, 그게 문제인 것을. 그러기 위해서는 엄마가 유연해야 한다. 깨어 있어야 한다. 맞춤형이어야 한다. 쉽지 않다. 더 쉽지 않은 것은 서로 다른 아이들을 두고 서로 비교하지 않는 것이다. 비교는 금물이라고 누구나 말하지만, 일상에서 비교는 비일비재하게 일어난다. 이런 비교가 시작되면 나무를 나무로, 물고기를 물고기로, 새를 새로 키우기가 더 힘들어진다.

그런 측면에서 나는 Y와 P와 J가 각기 다른 특성을 가진 사람들이라는 것을 오히려 다행스럽게 여겼다. 너무 달라 비교 자체가 무의미하기 때문이다. 그럼에도 불구하고 우리 아이들은 한때 다음과 같은 질문을 매일 나에게 던지며 비교의 프레임 안에서 나를 허우적대게 만들었던 적이 있었다. 한마디로 비교를 강요한 것이다.

"엄마는 누굴 제일 사랑해?"

어떻게 가장 사랑하는 아이가 있을 수 있겠는가? 모두 똑같이 사랑하지. 하늘만큼 땅만큼. 하지만 엄마인 나에 대한 사랑의 마음이 충만해지면 질수록 아이들은 이상하게도 이 질문을 나에게 퍼부어댔고, 답을 듣고 싶어 했다. 처음에는 이리저리 답을 피하고 도망 다니는 것으로 해결하려 했으나, 해결되지 않았다. 하여 하루는 묘안을 생각해

냈다.

"응. 엄마는 말야, 우리 Y는 첫째니까 '최고' 사랑하고, 우리 P는 나중에 가장이 될 거니까 '가장' 사랑하고, 우리 J는 J니까 '제일' 사랑해."

와우! 이 대답을 들은 아이들의 반응은 폭발적이었다. 굳이 비교하지 않고도 모두를 똑같이, 아주 많이 사랑한다는 마음을 전할 수 있다니. 아이들은 이 '언어의 마술'을 신기하고 놀라워했다. 그리고 그 대답을 듣기 위해 그 전보다 더 자주 물었다.

"엄마는 누굴 제일 사랑해?"
오 마이 갓.

이후에도 우리 삶에는 비교로 인한 작고 큰 문제들이 등장했고, 그럴 때마다 나는 비교는 금물이라는 기본 원칙하에 그때그때 필요한 조치들을 취하는 것으로 문제를 해결해왔지만, 이 또한 매번 쉽지는 않았다. 게다가 아이들은 저마다의 때가 따로 있다.

Y의 또 다른 이야기를 꺼내보자. Y는 앞서 이야기했듯이 사려 깊고 따뜻한 아이이다. 그렇다고 꼭 그러라는 법은 없지만, 여하튼 Y는

수리논리와는 거리가 먼 아이였던 것은 사실이다. 적어도 어려서는 그랬다. 몇 가지 사례를 들어보자.

만일 수학시험에 "어떤 수에 4를 더해 13이 되었다고 하자. 어떤 수는 얼마인가?"라는 문제가 나왔다고 치자. 답이 무엇인가? 당연히 9다. 그러나 이 문제에 대한 Y의 대답은 다음과 같았다.

"그걸 내가 어떻게 알아? 문제를 낸 사람이 알겠지!"

또 다른 예. "우리 반 교실을 남자아이 4명과 여자아이 6명이 청소한다. 어떻게 나누어 청소하는 것이 좋은가?"라는 문제가 있다고 치자. 답이 무엇인가? 당연히 10등분 하여 4등분은 남자아이들이, 6등분은 여자아이들이 청소하는 것이다. 그러나 이 문제에 대한 Y의 대답은

"사이좋게요!!"

Y에게는 모든 문제가 인문학적으로 환원되는 것. 수리논리 DNA는 가지고 태어나지 않은 듯해 보였다. 몇 번 설명을 해 주었지만, 딴 세상 사람한테 설명하는 느낌이 들었다. 나는 이런 Y를 보며 바로 마

음을 정리했다. 설마 스무 살, 서른 살이 되어서도 모르겠나. 때가 되면 다 알겠지. 그러던 어느 날 Y는 갑자기 방문을 쾅 하고 열고 만면에 웃음을 띤 채 소리쳤다.

"엄마! 나 드디어 어떤 수가 뭔지 알았어! 이렇게 간단한 걸 그동안 왜 몰랐지?"

Y가 5학년이던 어느 날의 일이었다.

"거봐. 엄마가 그랬잖아. 평생 이해 못하지는 않으니 걱정 말라고. 생각보다 빨리 이해했네?"

만일 그때 내가 경쟁적 분위기에서 다른 아이들하고 비교하는 것에 몰두했으면, Y가 어떤 수 문제를 좀 더 빨리 이해했을까? 그래. 그랬을 수는 있다. 하지만 저렇게 환한 얼굴이 되지는 못했겠지. 급하다고 무밭의 무를 잡아당길 수는 없는 법. 때를 기다리는 것이 건강한 곡식을 수확하는 가장 빠른 길이 아닐까 생각하면서, 비교로 급해지는 나의 마음을 달랬던 기억이 난다.

흔들리며 피는 꽃

그러던 어느 날 Y가 말했다.

"엄마, 나 아무래도 수학 학원을 다녀야겠어."
"왜?"
"영어까지는 어찌어찌 혼자 할 수 있겠는데, 수학은 도저히 안 돼."
"뭐가 안 되는데?"
"음… 혼자 하려니 진도가 안 나가. 예를 들어, 문제를 풀다가 막힐 때 누군가가 옆에 있어서 알려주면 바로바로 풀 수가 있는데, 그런 사람이 없으니 한번 막히면 포기하게 돼. 그렇게 포기하면 다음 진도를 나갈 수가 없고."

"음 그렇구나… 그럴 수 있지. 그래, 그래서 선생님이 생기면 무얼 해 달라고 하게?"

"모르는 걸 가르쳐달라고 하지."

"음… 그럼 너는 무얼 하고?"

"그럼 나는 다음 문제를 풀 수 있지!"

드디어 엄마를 설득하기 일보 직전까지 왔다고 생각한 Y는 신이 나서 소리쳤다.

"아하, 그럼 공부는 선생님이 하고, 너는 맨날 문제만 풀겠네?"

"…. 엥?… 그게 무슨 말이야?"

"생각해봐. 공부란 무언가 이해가 되지 않는 걸 이해하려고 애를 쓰는 과정에서 머리가 트이고 무언가를 터득하게 되는 과정인데, 그 과정은 선생님이 하고, 넌 맨날 문제만 푸는 거잖아. 선생님 머리만 트여서 선생님은 갈수록 똑똑해지고, 너는 남이 터득한 걸 듣기만 하는 것이니 머리가 트일 일이 없겠다. 그지?"

"흠… 그… 그러네…."

"그럼에도 불구하고, 네가 선생님이 필요하다면 학원에 보내 줄 수는 있어."

"아… 아냐… 안 다녀도 될 것 같아."

의문의 1패. 당장 중간고사 기말고사를 앞두고 어떻게든 성적을 올려보고 싶었던 Y는 엄마의 논리 앞에 다소 좌절했지만, 솔직히 그 말이 틀리지 않다는 것은 받아들여 주었다. 감사하게도. 그렇게 또 한 2년이 지난 어느 날,

"엄마, 내가 말야, 수학을 잘하지는 못하는데, 재밌기는 한 것 같아. 도저히 이해가 안 되는 걸 어떻게든 풀어보려고 노력하다 보니까, 이래저래 짜 맞춰지기도 하고, 그러다 보니 또 문제가 풀리기도 하고. 이렇게 해서 안 풀리던 문제가 풀리면 재밌지 뭐야. 수학이라는 게 이런 거구나 싶기도 하고 말야."

그래. 바로 그거야! 공부는 그런 맛에 하는 거란다. 나는 기쁨을 느끼며, 흐뭇한 얼굴로 Y를 바라보았다. 하지만 대한민국 아이들이라면 다 다닌다는 학원, 대한민국 학부모라면 다 보낸다는 학원을 우리도 영영 피해갈 수만은 없었다. P와 J가 중고등학생이 되면서, 앞다투어 학원에 보내주기를 요구해왔기 때문이다.

나는 고민스러웠다. 우리 집에는 분명 "공부는 스스로 꾸준히 애써서 하는 것"이라는 원칙이 있는데, 그 원칙을 어그러뜨려야 하는 위기의 순간이었기 때문이다. Y는 그나마 악기를 하니 버틸 수 있었지만,

주변에 학원에 안 다니는 친구가 없는 P와 J에게는 쉽지 않은 일이었다. 하여, 나는 다음의 말과 함께 자신에게 맞는 학원을 각자 알아보라고 하였다.

"엄마가 염려하는 것은 너희가 학원에 가는 거 자체가 아니야. 학원에 감으로써 스스로 공부할 수 있는 힘을 잃어버리는 것이야. 학원에 가는 순간 많은 아이들이 '나는 학원 없이 혼자서는 공부할 수가 없어.'라고 생각하게 된다고 하더라고. 왜냐하면, 학원이 주는 편리함과 학원이 주는 정보의 양에 길들여지기 때문이야. 말이 좋아 길들여지는 것이지, 실은 중독되는 것이나 마찬가지지. 헤어나올 수 없는 상태가 되는 것이니 말야. 그런데 엄마가 기껏 비싼 학원비 내 가며 너희를 학원에 보냈는데, 너희가 무언가에 중독되어 혼자 힘으로는 아무것도 할 수 없는 상태가 된다면, 엄마는 얼마나 속상하겠니? 돈도 잃고 우리 아이들도 잃었다고 생각할 테니 말야. 그러니 혹시라도 너희가 그런 상태가 되는 것 같으면, 그때는 스스로 학원을 그만 다닌다고 할 수 있어야 해. 그것이 너희 자신을 지키는 일이란다. 그럴 수 있겠니?"

"네! 그럴 수 있어요! 그렇게 할게요!"

결과는 어찌 되었을까? 당연히 그렇게 하지 못했다. 우리 아이들 또한 여느 아이들과 마찬가지로 학원 없이는 공부할 수(정확히는 시험준비 할 수) 없다고 생각하는 아이들이 되었고, 학원 선생님들이 주는 중간, 기말고사 기출문제와 예상문제에 중독되어 갔다.

"○○선생님 예상 문제 정말 짱이지 않아? 완전 정확했어!!"
"아니, 우리 학원 선생님은 뭐 하는 건지 모르겠어. 하나도 못 맞췄어!!"

아이들에게 시험은 학원에서 준비시켜주는 것이 되어갔고, 아이들에게 공부는 학원에서 시켜주는 것이 되어 갔다. 학교도 아니고 학원에서 말이다. 정말 안타까웠다. 이를 다시 돌이킬까 고민도 했지만, 그렇게 하지 않았다. 아이들이 자신의 인생을 산다는 것에는 실수도, 시행착오도, 후회도, 깨달음도 모두 포함되는 것 아니겠나. 나는 그 시행착오로부터 배우는 것도 아이들 몫이라 여겼다. 그래도 언젠가 P가 이런 말을 한 적은 있다.

"엄마 말대로 학원에 중독된 것 같아. 끊을 수가 없네. 학원 숙제 말고는 따로 내 공부를 하지도 않게 되고. 하지만 지금은 어쩔 수 없을 것 같아. 입시가 끝날 때까지는 말야. 입시가 끝나면, 그때 진짜 내 공부는 내가 할게."

그래. 그렇게 생각하면 됐어. 살면서 우리는 많은 시행착오를 겪게 된단다. 그 시행착오를 통해 배우면 되는 거야. 나는 그렇게 P도 다독이고, 나 스스로도 다독였다.

스스로 자라는 아이들

우리는 흔히 "아이들을 키운다."라고 말한다. 이 책에서도 '키운다'는 표현을 숱하게 써 왔다. 하지만 막상 아이들을 '키워보니' 키운다기보다는 '조력한다', '돕는다' 정도가 맞는 듯하다. 이와 관련해서는 Y와의 에피소드가 하나 있다.

Y가 중학교 2학년 때였나, 한번은 학교를 다녀온 Y가 집에 들어서자마자 식탁 위에 책가방을 집어 던지며 엉엉 울음을 터뜨렸다. 그 모습에 당황한 나는 다급히 물었다. "왜? 무슨 일이야? 무슨 일인데 그래?"

한참 눈물을 쏟아낸 Y는 간신히 감정을 추스르고 가쁜 숨을 몰아쉬며 요 며칠 자신의 단짝 친구인 B와의 사이에 문제가 발생했었음에 대해 이야기했다. B는 Y가 중학교에 들어가 사귄 첫 친구로 경쟁이 치열한 예중에서 마음 터놓고 이야기할 수 있는 유일한 친구였다. 그런 친구 B와의 사이에 문제가 발생했다니! 그 이야기를 듣는 순간, 나의 심장은 쿵 소리를 내며 내려앉았다.

아이를 키워본 엄마들은 알 것이다. 아이가 친구와 싸웠다거나 관계에 문제가 발생했다는 소식이 엄마들의 마음을 얼마나 불안하게 만드는지. 아이들에게 친구가 얼마나 절대적이고 소중한 존재인지를 알기에, 그만큼 우리 아이가 상처 입고 힘들어할 것임을 알기에 그러한 것이다.

쿵쾅쿵쾅.

"왜 그러는데? 뭐 땜에 그러는 건데?"
"B랑 얘기는 해 봤어?"
"이렇게 해 봤어?"
"저렇게 해 봤어?"

나는 내 불안을 달래기 위해 필사적으로 Y에게 묻고 해결책을 제시하기 시작했다.

"해 봤어. 해 봤다니까!"

그렇게 한참을 질문에 답을 하던 Y가, 어느 순간 버럭 화를 내는 것이 아닌가.

"누가 해결해 달래?! 그냥 들어달라고 했지. 속상하니까 엄마한테 그냥 얘기한 건데, 누가 엄마한테 해결해 달라고 했냐고!"

아뿔싸. 나는 그제야 정신이 퍼뜩 들었다.

"아니, 엄마는 네가 우니까…."

얼버무리는 나를 식탁에 남겨두고 Y는 가방을 휙 낚아채 방으로 들어가 버렸다.

덩그러니 식탁에 남겨진 나. 순간 당황했지만, 이내 정신을 차리고 방금 일어난 일을 곰곰이 되짚어 보았다. 아이고야, 내가 내 불안에 못 이겨 허둥지둥 오버했구나, 그저 들어주면 되는 것을, 결국 본인이 해결해야 할 것을.

잠시 후 방 안을 들여다보니 Y는 좀 전 집에 막 들어서던 때보다는 한결 마음이 편해진 듯한 모습으로 앉아 있었다. 실컷 울었더니 이제 살 만하다고 생각하는 것 같기도 했다.

이 사건은 '조력하는 부모'에 대한 견해를 갖는 시발점이 되었다. 아이를 키우다 보면 아이가 너무 소중해 우리 아이에게는 나쁜 일이 아무것도 일어나지 않았으면 좋겠다는 말도 안 되는 바람을 갖게 된다. 상처받는 일, 힘든 일, 불행한 일이 아무것도 일어나지 않았으면 좋겠다는 소망을 갖게 된다. 하지만 이는 그야말로 비현실적인 소망에 불과하다. 현실에서는 그 모든 일이 일어나기 때문이다. 인생을 살면서 작고 큰 여러 문제들을 겪게 되고, 상처를 입게 되고, 감당해야 하는 것들을 만나게 된다. 그게 인생이다. 그러니 우리가 정작 바라야 하는 것은 '아무 일도 일어나지 않기를'이 아니라, '어떤 일이 일어나도 그것을 잘 감당해내기를'이 되어야 할 것이다.

그런데 잘 감당하기 위해서는 근육이 있어야 한다. 마음의 근육. 마음의 근육이 생기기 위해서는 부모인 우리가 문제를 직접 해결해

주려 하지 말고 스스로 해결할 수 있도록 기다려주어야 한다. 조력하면서. 또한 그러기 위해 부모는 부모 자신의 불안을 다독일 줄 알아야 한다. 자신의 불안을 잘 다스리며 아이를 믿고 기다려주어야 한다. 이 과정에서 아이의 내공뿐 아니라, 부모의 내공도 함께 커진다.

세월이 흘러 아이들이 성인이 되면, 감당해야 할 것들이 적어지는 것이 아니라 더 많아진다. 사회에서 자리를 잡아야 하고, 사랑하는 사람을 만나기도 해야 하고, 또 그 과정에서 실연의 아픔도 견뎌내야 한다. 청소년기에 감당하는 짐과는 비교할 수 없을 만큼 크고 무거운 것들. 나의 경우 20대가 된 우리 세 아이 Y, P, J를 보며, 마음의 근육이 잘 자랐구나, 이 세상을 감당하며 살 수 있을 만큼 튼튼하게 잘 컸구나 하는 생각을 한다. 각자에게 일어나는 크고 작은 일들을 때론 힘들고 버겁지만 그래도 의연하게 잘 감당해내며 살고 있기 때문이다. 그러면서 동시에 하는 생각. 만일 우리 아이들이 덩치만 컸지, 나이만 먹었지, 근육이 제대로 생기지 않았다면 어떻게 되었을까? 매일매일 불안하고 전전긍긍했을 것이다. 생각만 해도 끔찍하다. 그런 생각이 들 때마다, 남편에게 유세도 떤다.

"여보, 이렇게 다리 뻗고 잠잘 수 있는 걸 고맙게 생각해!"라고.

내적 질서가 구축되는 법

이런 과정을 아이들과 오랜 시간 함께하다 보니, 한 사람이 태어나 어른으로 성장한다는 것은 하나의 우주가 탄생하는 과정과 같구나 하는 생각을 참 많이 하게 됐다. 오랜 시간에 걸쳐 우주의 질서가 잡혀가는 것처럼, 사람 또한 오랜 시간에 걸쳐 내적 질서가 구축되는 것이라고. 그리고 그 과정이 참 흥미롭다.

이와 관련해서는 존 홀트의 책 『아이들은 왜 실패하는가』에서 다음과 같이 이야기한다.

" (…) 아이들에게 무언가를 이해하는 일을 가르칠 수 있는지 참으로 의심스럽다. 이해란, 말하자면 어떤 것의 여러 부분들이 다른 모든 부분과 어떻게 관련되어 있는가를 알고, 자신의 머릿속에 그 구조의 모델을 가지는 일이다. 우리는 다른 사람에게 명칭과 목록을 줄 수는 있지만, 우리의 정신구조를 줄 수는 없다. 자신의 정신구조는 자신이 세워야 한다. (…) "

가령 이 세상이 어떤 곳인지, 인간이란 어떤 존재인지, 혹은 사람이 산다는 것은 어떤 것인지, 사랑이 무엇인지에 대해 우리의 생각을 이야기해줄 수는 있지만, 결국 아이들의 머릿속에 혹은 마음속에 최종적으로 구축되는 이 모든 것에 대한 정의는 그 아이들 스스로가 내리는 것이라는 의미다. 저마다 다를 것이고, 같은 정의를 내리는 아이들은 아무도 없을 거라는 얘기다. 우리가 가르쳐주는 것 외에 수많은 것들을 섞어 각자 스스로들 결론을 내릴 것이라는 얘기다. 어쩌면 매 순간, 아무도 모르는 사이에.

게다가 고요하고 아름다운 순간에 아이들에게 내적 질서가 구축되고 있음을 믿는 것은 비교적 쉽다. 호숫가에 앉아 손으로 물을 만지며 물이 주는 차갑고 신비로운 느낌에 푹 빠져 있거나, 푸르른 초원에서 두 팔을 벌리고 신선한 공기와 맑은 햇살을 마음껏 들이마시고 있는 아이들을 보며 그 순간 아이들 마음에 평화로운 내적 질서가 구축되고 있으리라 짐작하는 것은 비교적 쉽다. 반면, 어지럽혀진 방이나 잔뜩 미뤄둔 과제 앞에 널브러져 있는 아이들을 보면 어떨까? 아마 내적 질서가 구축되기는커녕, 망가지고 있다는 느낌마저 들 것이다. 그런데 정말 그럴까?

다시 우주 이야기를 해 보자. 우주의 질서가 구축되는 동안 우주는 늘 조화롭고 아름답기만 했을까? 때로는 조용히, 때로는 대폭발과 충돌을 겪으며 그렇게 조화와 균형의 세계에 도달한 것이 아닐까? 인간의 내적 질서도 마찬가지일 것이다. 평화롭고 아름다운 순간에는 평화롭고 아름다운 질서가, 엉망진창이 되고 뒤죽박죽이 된 순간에는 또 그 나름대로 살아가기 위한 내적 질서가 구축되고 있지 않을까.

이 얘기를 이리 장황하게 하는 이유는, 아이들을 키우다 보면 엉망진창이나 뒤죽박죽이 된 순간들을 너무 많이 만나기 때문이다. 따라서 우리는 그 순간을 어떤 시선으로 바라보아야 할 것인지를 결정해야 한다. 만일 그러한 순간들을 아무 생각 없이 바라본다면, 우리 입에서는 다음과 같은 말이 튀어 나간다.

"이거 당장 안 치워!"
"숙제하고 누워 있어라!"

그러나 그 순간에도 내적 질서가 구축되고 있음을 생각한다면, 우리 입에서 나가는 말은 다음과 같이 달라질 것이다.

"어머~ 쓰레기통에 꽃이 피었네!"
"숙제보다 지금 몰두해야 할 무언가가 있나 보구나!"

이 또한 '지구 한 바퀴 돌아오기'의 결과다. 그리고 그 결과로 아이들의 내면에는 예정에 없던 내적 질서가 하나 더 구축될지도 모른다.

"인지할 수 없을 정도의 미약한 불신, 아주 작은 불친절, 작은 불공평, 순간적인 비웃음 등이 어린이의 민감한 영혼 안에 일생 동안 화상을 남길 수 있다. 반면에 기대하지 않은 호의, 고상한 환대, 정당한 분노 등은 어린이들의 영혼에 깊은 인상을 준다!"

- 엘렌 케이, 『어린이의 세기』 중에서 -

말이 씨가 되는 원리

한번은 우리 집에 놀러 온 한 엄마가 나에게 말했다.

"아휴~ Y는 어쩜 저렇게 의젓해. 뭐든지 다 자기가 알아서 하고, 참 하고, 믿음직하고. 우리 H는 아무 생각이 없고 그저 노는 데에만 정신이 팔려 있는데… 자기는 참 좋겠다."

가만히 그분의 말을 듣고 있던 나는, 잠시 생각한 후 입을 뗐다.

"실은 비법이 있어요."

"비법? 무슨 비법?"

"음… 있잖아요… 사실…"

"뭔데 그래?"

"사실은… 제가 Y에 대해 하는 말 중에 반 이상은 거짓말이에요."

"뭐라고? 거짓말이라고?"

"네… 거짓말이요. 제가 늘 말하잖아요. 우리 Y는 참 속이 깊다고. 우리 Y는 자기 일은 자기 스스로 할 줄 아는 아이라고. 또 우리 Y는 의젓하다고… 우리 Y는 겉으로는 작고 약해보이지만 실은 참 단단한 아이라고."

"그래, 그러지, 근데 왜 그게 거짓말이야? 모두 사실이잖아!"

"음… 지금은 사실이죠. 모든 사람이 그렇게 생각하고, 실제 Y도 그렇게 되었으니까요. 하지만 처음부터 그랬던 것은 아니에요. 언니가 H에 대해 이런저런 염려를 하는 것처럼 저라고 왜 안 그렇겠어요. H와는 다르지만 Y에게도 걱정스러운 면은 있었죠. 그런데 어느 순간 이런 생각이 들더라고요. 그 걱정스러운 면을 내가 걱정만 해서 뭐 하나. 차라리 그 시간에 하나라도 도울 수 있는 일을 찾아보자 하는."

그랬다. 실은 그 어머니가 H를 걱정하고 염려하는 것처럼 나도 나름 Y에 대해 걱정스러운 마음이 있었다. 너무 여리고 순해 이리저리 끌려다니면 어쩔까, 주변의 센 아이들한테 상처입으면 어쩔까 하는 마음 말이다.

"그래서 찾았어?"
"네, 그래서 찾았어요."
"그게 뭔데?"
"음… 바로 제 시선이요. 아이를 바라보는."
"시선?"
"네, 시선이요. 제가 Y를 바라보는 시선. 생각해보세요. 예를 들어, 어떤 사람이 언니를 매우 걱정스럽고 염려스러운 시선으로 바라보면, 그 시선이 과연 언니에게 도움이 될까요? 비록 그것이 나를 사랑하고 진심으로 염려하여 그런 것일지라도, 왠지 그러한 시선으로부터 벗어나는 것이 힘들 것 같지 않아요? 그 걱정과 염려를 극복하기보다는 오히려 그 걱정과 염려대로 될 것만 같은 거 말이에요. 거꾸로 어떤 사람이 언니를 매우 믿음직스럽고 무엇이든 할 수 있을 것 같다는 눈빛으로 바라본다면, 그 시선을 받는 언니의 마음은 또 어떨까요? 아마 그 시선에 부흥하기 위해서라도 그리 되지 않을까요?"
"흠… 그럴 거 같네."
"저는 그 사람이 어떤 사람이냐는 제가 그 사람을 어떻게 바라보느냐가 반은 결정한다고 생각해요. 왜냐면, 저도 저를 좋게 생각하고 믿어주는 사람 앞에서는 한없이 좋은 사람이고 든든한 벗이 되지만, 그렇지 않은 사람에게는 제가 좋은 사람이 되어야 할 하등의 이유가 없다고 느껴지거든요. 저는 그렇게 우리는 서로에게 영향을 미친다고 생각해요. 서로가 서로를 바라보는 시선을 통해서요."

"흠…"

"이를 아이들에게 적용해보면, 아이들의 현재는 내 시선이 이미 영향을 미친 상태이고, 아이들의 미래는 내 시선이 앞으로 영향을 미칠 상태인 것이지요. 그러니 지금 내 아이에 대해 불안하고 걱정스러운 마음이 든다면, 가장 먼저 바꿔야 하는 것은 나의 시선이라고 저는 생각해요."

"시선을 어떻게 바꾸는데?"

"믿어야지요. 그렇게 될 거라고 강하게 믿어야 해요. 그래야 진심 어린 시선으로 바라볼 수 있으니까요."

"하지만 그게 쉽지 않잖아."

"그래서 제가 거짓말을 해서라도 나의 생각을 바꿔야 한다고 말하는 거예요. 생각과 말은 서로 끊임없이 영향을 주고받으니까요. 정확히 얘기하면, 저의 희망사항을 매일매일 이야기한 것인데, 사실을 얘기한 건 아니니까 거짓말은 거짓말이죠. 일종의 하얀 거짓말."

"그러니까 자기는 Y가 혼자서 무엇이든지 할 수 있고, 약하지만 씩씩하고 강하게 자라길 바라니까 계속 그렇게 얘기했고, 지금은 그것이 사실이 되었다는 얘기지?"

"네, 맞아요. 바로 그거예요!"

"음… 그렇군. 그럴듯한 얘기야. 하지만, 하지만 말야… Y는 원래 그런 아이였을 거야. 그걸 자기가 미처 몰라서 그렇지, 가만히 둬도 그리 되었을 아이였을 것이라고. H는 아니야. 아예 그런 가능성은 1도 없는 아이라고. H는 Y와 달라. 아무 생각이 없거든. 정말 아무 생각이 없어."

한번 해 보는 데 돈이 드는 일도 아니구만, 어찌 그리 단정적으로 부정하는지. 지금 생각해도 매우 아쉬운 순간이다. 말이 씨가 된다는 옛말도 모르나.

속도도 방향도 아닌 순서

아래 세 개의 격언이 있다. 모두 살면서 자주 들어본 것이다. 이 격언들의 공통점은 무엇일까?

"첫 단추를 잘 끼워야 한다."
"급할수록 더디 가라."
"돌다리도 두들겨 보고 건너라."

맞다. 순서가 중요하다는 것이다. 서두르다가는 오히려 일을 그르칠 수 있다는 것이다. 빨리 가고 싶을수록, 순서를 잘 지켜야 한다. 첫 단추부터 잘 끼워야 하고, 서두르지 말아야 하며, 확신이 들었을 때

움직여야 한다. 그것이 결국 가장 빨리 가는 길이다.

거꾸로 얘기하면 첫 단추를 잘못 끼우면 언젠가는 다시 끼워야 하는 일이 발생하고, 급하다고 바늘허리에 실 매어 쓰면 처음부터 다시 꿰매야 하는 일이 발생하며, 제대로 확인해 보지 않고 일을 처리하다가는 어느 순간 돌이킬 수 없는 일이 발생한다는 것이다.

이를 우리 아이들과의 현실에 적용해 보자. 우리는 첫 단추부터 잘 끼우고 있는가? 여기서의 첫 단추는 4세 고시를 보게 할 것이냐, 말 것이냐의 문제가 아니다. 아이를 키우면서 중요한 것들을 잘 챙기고 있느냐의 문제다. 많은 사람들이 아이를 키우는 문제에 대해 이야기한다. 어떻게 하면 공부를 잘하는 아이로 키울 것인가, 어떻게 하면 성공한 사람으로 키울 것인가, 어떻게 하면 사회에서 인정받고 존경받는 사람으로 키울 것인가(요즘은 이런 얘기 하시는 부모님은 별로 없는 듯하다) 등. 그리고 그 목적에 부합하는 여러 방법론들이 나온다. 어떤 분은 대치동으로 이사를 가야 한다고 하고, 어려서부터 경제교육을 잘 시켜야 한다고 말한다. 어떤 분은 어려서부터 더 큰 세상으로 나아가야 한다고 하고, 또 어떤 분은 비판적 사고력을 길러야 한다고 말한다. 다 좋다. 각각의 목적을 달성하기 위해 현재로서 최적의 방법이라면 충분히 논의되어야 한다.

그런데 이 모든 것에 선행해야 할 것이 있지 않은가? 아이가 이 모든 것을 소화할 수 있느냐의 문제 말이다. 그릇이 마련된 후에 담을 것을 생각하는 것이 맞는 순서다. 담을 그릇은 없는데 담을 것만 잔뜩 마련해보았자 무슨 소용이겠는가. 그릇은 아이의 성향이나 내적 상태를 말하는 것이라고 나는 생각한다.

아이의 내적 상태가 안정적으로 준비되어있지 않은데, 담을 것들을 주렁주렁 매달아 놓을 때, 아이의 마음은 천근만근이 될 것이다. 순서가 뒤바뀐 것에서 오는 부담이리라.

주변에서 간혹 이런 아이들을 보게 된다. 남들 보기에 부족함 없는 스펙을 갖췄고, 많은 것들을 이루었는데, 정작 본인은 그것들을 감당하기에 충분히 준비되어 있지 않다고 느끼는 경우 말이다. 이 아이들은 한결같이 외친다.

"이건 내가 아냐. 나는 할 수 없다고!"

이런 아이들에게 "네가 뭐가 부족해서 그래? 네가 얼마나 대단한데! 남들이 모두 부러워하고 있다고!"라는 위로는 먹히지 않는다. 이들이 지금 이야기하는 것은 겉으로 드러나는 능력의 문제가 아니라

내면의 문제이기 때문이다. 우숨터에선 이런 상태를 '최첨단 무기를 장착하고 단 한 발자국도 앞으로 나아가지 못하는 상태'로 비유했다.

물론 사람이 살아가는 데 내면만 가지고는 살 수 없다. 내적 외적 성장이 모두 필요하다. 하지만 이 성장에는 주거니 받거니 하면서 순서가 필요하다. 그리고 내적 성장이 조금 앞서야 편안하다고 나는 생각한다. 그래야 외적 성취를 더 훌륭히 소화해낼 수도 있다. 그렇지 못하면 자칫 많은 것을 이루고도, 아무것도 못 하는 상태에 빠지고 만다. 요즘같이 유아 청소년들의 우울증이나 공황장애가 늘어나는 추세에서는 더욱 유념해야 하는 일이 아닐까 싶다.

먼저 그릇이 준비된 후에야 무언가를 담는 것이 맞는 순서다. 순서를 잘 지켰을 때 순풍에 돛 단 듯 배는 간다. 이것이 엔진을 달고 가는 초고속정보다 빠를 것인지는 알 수 없지만, 한 가지 확실한 것은 있다. 언젠가는 반드시 목적지에 도달한다는 것. 엔진처럼 고장 날 염려가 크게 없다는 것. 어쩌면 삶의 불확실성을 줄일 수 있는 최선의 방법은 순서를 지키는 일일지도 모른다.

생각해 보면, 속도와 방향은 아이들이 정할 문제다. 자기 삶의 주인이 되는 아이들이라면 말이다. 그렇다면, 부모가 해 줄 수 있는 일은 무얼까? 바로 순서를 지켜주는 일이다. 첫 단추부터 잘 끼워야 한다는 말은 바로 이런 의미이다. 급하다고 바늘허리에 실 매어 쓸 수 없다. 무조건 채우고 봐서는 안 된다. 게다가 인생은 옷처럼 쉽게 단추를 다시 풀어 다시 채울 수가 없다. 첫 단추부터 잘 끼워 내적으로도 단단한 사람이 되면, 누가 아나, 맨손으로 호랑이도 때려잡을 수 있는 사람이 될지.

물론, 순서를 잘 지키기 위해서도, 부모가 힘이 있어야 한다. 돈이나 권력이 아니라, 세태에 휩쓸리지 않는 힘, 불안을 이기고 버틸 수 있는 힘 말이다. 생각해 보면 '쫄지 마'라는 말은 아이들이 아니라 부모들이 들어야 할 말인 것도 같다. 옆에서 아이들을 조력하고 돕는 이가 쫀다면, 아이들이 어찌 쫄지 않을 수 있겠는가. 우리 아이들이 당당히 세상을 헤쳐나가기 바란다면, 우리 부모부터 당당해지자. 맨손으로 호랑이라도 때려잡을 수 있는 부모 밑에 그런 아이들이 자라나는 법이다.

세상에서 가장 좋은 환경

세상의 모든 부모들은 사랑하는 아이들에게 좋은 환경을 만들어주고 싶어 한다. 그래서 어떤 이들은 넓고 탁 트인 자연환경을 좇아 가고, 또 어떤 이들은 최고의 선생님들이 모인다는 대치동 학원가로 간다. 모두 각자의 기준에 따른 선택이다. 그런데 좋은 환경을 찾아 떠난 사람들이 모두 만족할 만한 성과를 가지고 돌아오는 것은 아니다. 누군가는 "가보니 거기도 똑같더라."라는 말을 하고, 누군가는 "오히려 이러저러한 단점들이 있어 못쓰겠더라."라는 말을 한다. 그렇다면, 정말 좋은 환경이란 어디 있는 것일까?

나는 이 문제를 아이들의 눈으로 세상을 바라보는 것에서부터 풀어야 한다고 생각한다. 어떤 환경이 좋은 환경인지는 아이들 스스로 판단할 문제이다. 아무리 좋은 환경을 만들어 준다 한들 아이들이 그렇다고 생각지 않으면 무용한 것이 되고 말기 때문이다. 그렇다면, 아이들의 눈으로 보았을 때, 좋은 환경이란 무엇일까? 어떻게 하면 가장 마음 편히 하고 싶은 것들을 하며 자기 인생을 주도적으로 살게 할 수 있을까?

우선, 이 질문에 답하기 전에 '환경'의 정의를 한번 생각해 보자. 환경이란 물리적인 조건만을 의미하는 것은 아니다. 어떤 사람에게 영향을 미치는 모든 요소들을 우리는 환경에 포함시켜 생각한다. 예를 들어, 어린 시절 단란하고 유복한 가정에서 자란 사람에 대해 우리는 좋은 환경에서 자랐다고 말한다. 반대로 여러 가지로 어렵고 힘든 가정에서 자란 사람을 보면 불우한 환경에서 자랐다고 말한다. 그뿐만 아니라 어느 나라에 태어났으며, 어느 도시에서 자랐고, 어떤 친구들을 만났으며, 어떤 스승들을 만났는지도 모두 환경이다. 그렇다면, 이러한 관점에서 아이들에게 가장 큰 영향을 미치는 환경이 무엇일까? 맞다. 바로 어떤 부모 밑에서 자랐느냐일 것이다. 왜냐하면, 부모는 아이들과 가장 많은 시간을 함께 보내며 내적 외적으로 절대적인 영향을 미치는 존재이기 때문이다. 그중에서도 특히 엄마이다.

엄마가 따뜻하고 평안한 사람이면, 아이는 따뜻하고 평안한 환경에서 자라게 된다. 엄마가 예민하고 날카로운 사람이면, 아이는 예민하고 날카로운 환경에서 자라게 된다. 엄마가 어둡고 부정적인 사람이면, 아이는 어둡고 부정적인 환경에서 자라게 된다. 엄마가 밝고 긍정적인 사람이면, 아이는 밝고 긍정적인 환경에서 자라게 된다. 그렇지 아니한가?

엄마라는 환경의 영향력은 사방에 산과 들이 펼쳐져 있는 자연환경과 비교할 바가 아니다. 엄마라는 환경의 영향력은 국내 최고의 선생님들로 포진되어 있는 대치동 학원가에 비교할 바도 아니다. 엄마라는 환경의 영향력은 다른 어떤 것보다도 압도적이다. 다른 환경들이 우리의 사랑하는 아이들에게 '부분적 영향'을 미칠 때, 엄마라는 환경은 '전방위적 영향'을 미친다. 무의식에까지도 가 닿는 영향을 말이다. 그럼에도 불구하고, 아직도 많은 부모들이 좋은 환경을 만들어 주기 위해 외부 환경만 돌아보고 있다. 가장 중요한 환경인 우리 자신은 정작 돌보지 않고 말이다.

우리 모두 한때 어린아이였음을

지금까지 내가 아이들을 키우면서 발견한 보석과도 같은 삶의 이치들에 대해 이야기하였다. 사람마다 살면서 발견하게 되는 주옥같은 지혜들이 있다. 내게는 이것들이 바로 그것이다. 그런데 이 이치들을 자세히 살펴보면 한 가지 커다란 전제 위에 놓여 있다. 아이들은 나의 또 다른 모습이라는 것. 나도 한때는 아이였다는 것 말이다.

아이를 키우다 보면 자기도 모르는 사이에 하게 되는 말이 있다.

"쟤는 왜 저러는지 모르겠어."

모를 수가 있을까? 비록 구체적인 사안이야 다를 수 있지만, 그 사안 속에서 아이들의 말이나 행동, 혹은 마음은 '우리가 어렸을 때'로 돌아가보면 대략 알 수 있는 것들이 많이 있다. 그런데도 불구하고 우리는 어떤 상황에서 아이들이 어떻게 느끼는지에 대해서 대단히 둔감하다. 어린 아이 시절의 감수성을 대체로 잊고 사는 탓이다.

한번은 이런 일이 있었다. 우리 집에 오신 손님 한 분이 P에게 일종의 인생 조언을 해 주셨다. 그분 입장에서는 본인이 어른이니까 이 정도 얘기는 해 주어야 한다고, 그래야 이 집에 온 손님으로서 역할을 하는 것이라고, 그렇게 생각하셨던 것 같다. 그런데 그 얘기를 듣던 P의 얼굴이 갑자기 일그러지더니 입술이 가늘게 떨리면서 눈물이 주르륵 흘러내리는 게 아닌가. (그러고 보니 P는 이 책 속에 등장할 때마다 울고 있다!) 걷잡을 수 없어 보였다. 손님은 '나 아무것도 안 했는데?'라며 당황해했고, 분위기는 일순간 싸아 해졌다.

"이런, P도 당황한 모양이네요. 일어나서 네 방으로 가도 돼."

나는 P의 어깨를 쓰다듬으며 조용히 말했다. 손님께는 사춘기라 그러하니 이해해달라고 양해를 구했다. 손님들이 돌아가고 난 후, 나는 P의 이야기를 들어보았다. P는 그분이 자신에 대해 이미 '아무 생각도 없는 청소년'이라 단정 지은 상태에서 조언을 해 주셨기 때문에, 기분이 몹시 상했다고 말했다. 모멸감을 느꼈다는 것이다. 하지만 그럼에도 불구하고 그 순간에 자신의 감정을 컨트롤하지 못하고 상대를 당황스럽게 한 것에 대해서는 자신도 반성한다고 했다. 그건 예의가 아니라고 말이다. 아직 어린 사춘기 청소년이니 그럴 수도 있는 일이라고 다독여주었지만, P에게는 그 후로 오랫동안 그것이 인생 과제가 되었다. 자신과 맞지 않는 사람과도 부드럽게 대화할 수 있는 사람이 되는 것, 마음에 들지 않는 순간도 부드럽게 넘길 수 있는 사람이 되는 것 말이다. 내가 오십이 넘어서도 해결하지 못한 것을 P는 10대부터 이미 인생 과제로 삼은 것이다.

이런 P의 행동이 이해할 수 없는 것인가? 어린아이였을 때, 혹은 청소년 시절 어른들의 말이나 행동으로부터 상처를 받은 일이 없단 말인가? 내가 특별히 사려 깊지 못한 어른들 사이에서 자란 것인지, 나에게는 그러한 기억이 수도 없이 많다.

이에 대한 엘렌 케이의 말을 들어보자.

"(…) 네 살, 다섯 살 정도의 어린이가 이미 자기 나름대로 성인들을 탐구하고 통찰한다는 것과, 놀랄 만한 정도의 명민함으로 자신의 가치들을 의식적으로 정립하고 모든 각각의 인상에 민감하게 반응한다는 사실을 교육자들은 거의 생각하지 못하고 있다! 인지할 수 없을 정도의 미약한 불신, 아주 작은 불친절, 작은 불공평, 순간적인 비웃음 등이 어린이의 민감한 영혼 안에 일생 동안 화상을 남길 수 있다. 반면에 기대하지 않은 호의, 고상한 환대, 정당한 분노 등은 어린이들의 영혼에 깊은 인상을 준다. (…) "

" (…) 교육자들은 어린이의 현존재에 관여할 때, 자신이 어렸을 때에 지녔던 고유한 감정과 인상을 보존하고 있어야 한다. 어린이를 다룰 때 범하기 쉬운 수많은 과실 가운데 가장 빈번하고도 위험한 것은, 사람들이 자신이 어린이였을 때 어떻게 느꼈는가를 기억하지 못하고 어린이의 감정을 자신의 현재 관점으로부터 보고 이해하는 것이다. (…) "

그렇다. 아이들과 함께하는 데 있어 가장 중요한 노력 중 하나는 우리도 한때 어린아이였음을 기억하는 것이다. 그때의 감수성을 되살려 내어 아이들을 이해하는 것이다. 그렇게 했을 때 아이들은 우리에게 마음을 연다. 그건 당연한 일이다. 자신에게 상처를 주는 이에게 마음의 문을 여는 사람은 이 세상에 없을 테니 말이다.

우리 집에 없는 것과 있는 것

이러한 과정을 한 20년간 함께해 오다 보니, 어느새 우리 집은 우리 집만의 문화와 가치를 갖게 되었다. 누가 일부러 기획한 것이 아닌, 그야말로 오랜 시간 함께 사유하며 한 걸음 한 걸음 걸어온 결과였다. 그것을 우리 집에 없는 것과 있는 것으로 구분하여 이야기해 보자. 우선, 우리 집에 없는 것부터다.

우리 집에는 '비교'가 없다. 구체적으로는 비교급 표현을 쓰지 않는다. 한 번도 "이 말은 금지"라고 공표해 본 적은 없지만, 아무도 쓰지 않는다. 행여라도, 어쩌다가, 무심코 이런 표현을 누군가 쓰면, 우리 모두 잠시 눈을 마주치며 소리 없는 대화를 주고받는다. '이건 우리

집에서 나올 수 있는 표현이 아니잖아??'

    우리 Y는 첫째니까 '최고' 사랑하고,
    우리 P는 나중에 가장이 될 수 있으니 '가장' 사랑하고,
    우리 J는 J니까 '제일' 사랑해~

앞서 아이들의 "엄마는 누굴 제일 사랑해?"라는 질문에 내놓은 나의 묘안에 대해 이야기했다. 그 묘안으로부터 시작해 우리는 자연스럽게 우리 삶의 모든 영역에서 비교급 표현은 지양하는 것이 좋지 않겠나 하는 공감대가 형성되었던 것 같다. 그러자 실제 비교하지 않는 마음이 생겼고, 곧이어 비교 없이 살 수 있다는 확신도 생겼다.

다음은 '부정적인 말'이 없다. 예를 들면, "그건 안 될 거 같은데?"라든지 "그게 되겠어? 세상이 얼마나…" 등의 이야기들 말이다. 안 되는 게 어딨나. 또 안 되면 어떤가. 해 보는 것만으로도 우린 엄청나게 많은 것을 배울 수 있는데. 대표적인 예가 Y의 예중 입시이다.

Y가 예중에 도전해 보고 싶다고 했을 때는 5학년 말. 하여 나는 예중 입시를 치르려면 어찌해야 하는지 알아보았다. 그러나 곧 현실의 벽이 얼마나 높은지 실감하고 말았다. 입시의 벽이 아니라, 입시 준비

를 도와줄 선생님을 찾는 벽 말이다. 도와줄 선생님을 만날 수도 없었다는 얘기다. 이유는 단순했다. 악기를 너무 늦게 시작했고, 전문적인 레슨을 받은 것도 아니며, 타고난 소질이 있다고도 할 수 없다는 것이었다. 요즘은 보통 빠르면 4살, 늦어도 6~7살에는 시작해야 악기를 전공하겠다는 꿈을 꿔볼 수 있는 거라고, 당시 주변에서 말했다. 하지만 Y는 3학년 초에 바이올린이라는 악기를 처음 잡았고, 동네 피아노학원에서 1주일에 한두 번 오시는 바이올린 선생님한테 레슨을 받았으며(그럼에도 불구하고 예중 입시를 고민해 볼 만큼 성장하지 않았는가!), 열심히 하는 스타일이기는 하지만 타고난 재능이 있다고는 할 수 없는 상황(하지만 Y는 목표가 주어지면 무슨 일이 있어도 반드시, 꼭, 해내는 아이였는데…)이었던 것은 맞다.

하지만 누가 붙여달라고 했는가. 도전해 보겠다고 했지! 나는 아이가 도전해 보고 싶다고 하는데, 도전조차 해 볼 수 없게 될까, 그런 기회조차 만들어주지 못할까, 부모로서 그게 두려웠다. 만일 그렇게 된다면, 그렇다면 앞으로 우리 아이에게 무어라 말한단 말인가. 인생은 원래 그런 거야. 처음부터 될 일만 하는 거라고. 안 될 일은 아예 도전해 볼 수 없는 거라고. 그리 얘기해야 한단 말인가. 참담했다.

그러던 중 한 선생님을 만났고, 그 선생님이 지금도 Y의 스승인 K

샘이시다. 당시 K샘의 말씀은 이랬다.

"어머님이 그렇게까지 생각하신다면… 제가 한번 해 보겠습니다."

당시 나는 이렇게 말했던 것 같다. "예중에 붙여달라는 것이 아닙니다. 아이가 도전해 보고 싶다고 하니, 준비를 좀 같이해 주십사 하는 것입니다. 영어 수학이라면 내가 어떻게 해 볼 수도 있겠지만, 바이올린은 엄마인 내가 도와 줄 수 있는 것이 아니지 않습니까. 떨어져도 좋으니 도전해볼 수 있게 준비만 시켜주세요."라고 간곡히. 그 전에 하도 안 된다는 얘기를 많이 들어서, 이미 늦었다는 얘기를 많이 들어서, 심지어 돈 많이 드니 돈 없으면 아예 시작도 하지 말라는 얘기까지 다 들어서 자포자기의 심정으로, 그러나 간곡히 부탁드렸다. 그 마음을 아셨는지, K샘은 오케이를 하셨고, 그렇게 우리 Y의 길은 시작되었다. 그리고 지금 여기.

다음은 '비난조의 말'이 없다. 나는 실은 비난형의 사람을 굉장히 싫어한다. 자기 몸에 묻은 똥은 못 보고 남의 몸에 묻은 겨만 잔뜩 보는 사람이기 때문이다. 그뿐만 아니라, 비난조의 말은 사람의 마음에 분노의 씨앗을 심는다. 그 씨앗은 처음에 눈에 보이지 않을 만큼 작지만, 시간이 흐르면서 점점 자라 어느 순간 무시할 수 없을 만큼 커지고 뿌리도 깊어진다. 이 외에도 없는 것들이 몇 가지 더 있다. 불평불만 하는 거, 투덜거리는 거, 비아냥거리는 거 모두 없다. 누가 누군가에게 무언가를 시키는 명령조의 말도 없다. 한 번도 이 모두 금지라고 공표한 적은 없지만, 아무도 사용하지 않는다.

다음은 있는 것들이다. 첫째, 우리 집에는 '각자의 삶'이 있다. 앞서 나는 이 모든 일이 내가 아이들의 삶을 내 마음대로 좌지우지하려는 것에서부터 시작되었음을 깨달았다고 했다. 하여, 이후 모든 과정은 아이들에게 아이들의 삶을 돌려주는 과정, 모든 것을 제자리로 돌려놓는 과정이었다. 그런데 그 과정에서 의도치 않았던 묵직한 무언가를 받았다. 바로 내 삶이었다. 아이들에게 아이들의 삶을 되돌려주자, 그 과정에서 내 삶도 되살아났다. 아이들의 엄마로서가 아닌, 오랫동안 잊고 있었던 한 인간으로서의 나 말이다. 그리하여 나는 25년 만에 학업에 복귀해 내가 하고 싶은 공부를 마무리하고 있다. 각자의 삶이 모두 살아난 것이다.

둘째, 우리 집에는 '대화'가 있다. 요즘 20~30대 자녀를 둔 가정에 말 못 할 고민이 있다는 이야기를 종종 듣는다. 아이들과 대화가 단절되는 것 말이다. 필요한 것이 있을 때에만 대화한다는 것 말이다. 우리 집은 그렇지 않다. 끊임없이 이야기 꽃이 핀다. "엄마, 난 말야 요즘…" 눈만 마주치면 아이들은 내게 말한다. 자신이 요즘 무슨 생각을 하는지, 무엇에 관심이 있는지, 무엇을 고민하는지, 무슨 책을 읽는지 등에 대해. 한국의 입시교육이라는 철창 없는 감옥을 벗어나니 날개가 돋친 듯 이야기들을 쏟아낸다. 이런 20대 아들딸들과 함께하는 즐거움이라니!!

마지막으로 셋째, 우리 집에는 '웃음'이 있다. 이유는 모르겠다. 하지만 우리는 눈만 마주치면 웃는다. 살며시 미소를 짓는 것은 기본이고, 하하 호호 때론 껄껄 배꼽을 잡고 눈물을 흘리며 웃는다. 다른 사람들 앞에서 안 쓰는 애교 섞인 말투나 표정도 무한히 쏟아져 나온다. 서로 얼굴을 비비고 꼬옥 안아주는 것은 기본이다. 함께 있으면 즐겁고 행복하다. 아마 서로 존중하고 존중받은 사람들만이 가질 수 있는 기쁨 아닐까 하는 생각을 종종 한다. 그러고 보니 우리 집의 사랑은 일방통행이 아니다. 쌍방통행이다. 부모인 우리가 아이들을 사랑하는 만큼, 아이들은 우리를 사랑한다.

얘기를 하다 보니 여기까지 왔다. 2010년 어느 날 나는 아이들을 키우는 나의 방식에 무언가 단단히 문제가 있음을 발견했고, 그 발견을 계기로 모든 것을 원점에서부터 다시 시작하겠다 마음먹었었다. 그 후 나는 하나하나 단추를 새로 끼워가며 아이들과 함께 천천히 걸어

온 느낌이다. 그리고 그 속에서 깨달은 것은, 아이들과의 길은 어쩌면 미리 계획하거나 정해놓을 수 있는 여행이 아니라는 것. 궁극적으로 어디에 도착할지 모르는 긴 여정을 함께하는 것이라는 것이다. 다만, 알 수 있는 것은 그 길을 천천히 그리고 세심한 주의를 기울이면서 동행하는 것이 우리가 해야 하는 일이라는 것 정도. '애정 어린 관심과 무한한 응원'의 마음을 가지고서 말이다. 그리고 그렇게 해도 괜찮다는 것, 오히려 더 잘 자란다는 것, 건강한 몸과 마음을 가지고, 제 인생의 주인이 되어 잘 살아가는 훌륭한 청년들로 자란다는 것이다.

'애정 어린 관심과 무한한 응원'의 마음만 가지고 아이들을 키우겠다는 어린 시절 나의 말이 얼마나 이루어내기 힘든 말이었는지, 지난 30년간 뼛속 깊이 깨달았다. 하지만 그 말이 있었기에, 그 사유가 있었기에, 그 이후 험한 폭풍우 속에서 방향키를 잡고 올 수 있었던 것 같다. 때론 흔들리고, 또 때론 놓치기도 했지만, 끝내 잡았다. 천만 다행이다. 휴….

5장

우리가 사랑한 책들

그런데 실은 그 시간을 나 혼자 걸어온 것이 아니다. 아마 나 혼자였으면 진작 포기했을지도 모른다. 감사하게도 나에게는 좋은 책들과 그 책을 함께 읽고 나눌 벗들이 있었다. 그 책들과 벗들 덕분에 지난 20년 동안 나는 포기하지 않고 아이들과 함께 오늘날까지 걸어올 수 있었다.

지금부터는 내가 만난 책들에 대한 이야기를 좀 할까 한다. 내게 도움이 되었던 것처럼 여러분께도 도움이 되기를 바라는 마음에 말이다.

다시 그 사달이 난 날로 돌아가 보자. 나는 세 아이를 끌어안고 많은 눈물을 흘렸다. 그러면서 아이들에게 말했다고 했다. "얘들아, 생각해보니 엄마가 너희들을 어떻게 키워야 하는지 잘 모르는 거 같아. 그러니 엄마가 방법을 알 때까지 조금만 기다려줘."라고 말이다. 그랬다. 나는 방법을 알아야 했다. 어떻게? 그 얘기부터 해 보겠다.

내가 처음 나의 밑바닥을 마주했을 때, 내가 알게 된 것은 내게 문제를 해결할 만한 힘이 없다는 것이었다. 한마디로 나는 빈 깡통이었던 것이다. 하여, 무조건 나를 채우는 것에서부터 시작해야겠다고 생각했다. 채우지도 않고 꺼내 쓸 수야 없는 노릇 아닌가. 그때 찾아간 곳이 광화문 소재의 한 인문학 아카데미. 모 출판사에서 운영하는 인문학 강좌가 열리는 공간이었다. 그곳에 처음 찾아간 날, 프로그램을 총괄하시는 분이 내게 물었다.

"원래 낯선 곳에 잘 다니시나 봐요?"

설마. 나를 아는 모든 분들은 내가 절대 그런 사람이 아니라는 것을, 낯선 곳은커녕 집 밖으로 잘 나가지도 않는 사람이라는 것을 잘 알고 있다.

"그럼 여긴 어떻게…?"
"벼랑 끝에 내몰려서요."

그분은 고개를 끄덕였고, 더 이상의 설명은 필요없어 보였다. 그렇게 나의 여정은 시작되었다. 솔직히 무슨 강의를 들었는지는 기억나지 않는다. 다만, 그곳에 가는 시간마다 나의 내부에 무언가가 차곡차곡 채워지는 느낌이 들었다는 것, 그리하여 어느 순간 아이들과 함께 이 세상을 버티고 살아갈 만한 힘이 내게 생겼다고 느꼈다는 것이다. 그 아카데미를 시작으로 나는 다른 다양한 인문학 강좌를 찾아다녔다. 말로만 듣던 『논어』도 읽고, 그 유명한 니체의 짜라투스트라도 귀동냥으로 듣게 되었다. 재밌고 신기했다.

그러던 어느 날, 한 선생님을 통해 한 권의 책을 만나게 되었다. 엘렌 케이Ellen K. S. Key라는 생소한 이름의 스웨덴 여류 작가의 책이었다. 작고 얇은 하얀 표지의 책을 권해주시면서 그 선생님은 "소피가 한번 읽어보시면 좋을 것 같아서요."라고 하셨던 기억이 난다. 아이들을 키우다 스스로 빈 깡통이 된 것 같아, 나의 내면에 아이들을 키울 만한 자양분이 고갈된 것 같아 왔노라는 평소 나의 아야기를 주의 깊게 듣고 계셨나 보다. 참으로 감사한 일이다. 그리고 그렇게 만난 『어린이의 세기』는 그 이후 나와 우리 가족의 삶을 완전히 바꿔놓은 결정적인 책이 되었다.

아이들이란 어떤 존재인가?
– 엘렌 케이, 『어린이의 세기』

- **저자** 엘렌 케이
- **번역** 정혜영
- **출판** 지식을만드는지식
- **발행** 2012. 07. 20.

당시 나는 아이들로 하여금 주체적이고 자기 삶을 진정 사랑하는 그런 사람들로 자라도록 돕고 싶다는 생각을 강하게 가지고 있었는데, 그러려면 대체 내가 무엇을 어떻게 해야 하는지 그에 대한 답을 구하고 있는 상태였다. 가장 우선적으로는 주체적이고 자기 삶을 진정 사랑한다는 것이 대체 어떤 것인지 나 스스로도 잘 모르는 상태였고, 두 번째는 안다 하더라도 그것을 어떻게 가르칠 것인가 하는 문제가 또 남아 있었다. 그런 나에게 엘렌 케이는 자신의 책을 통해 이렇게 이야기해 주었다.

엘렌 케이: "조용히 그리고 천천히 자연이 스스로 돕도록 하고, 단지 주위 상황이 자연의 활동을 지원하도록 살펴보는 일, 그것이 교육이다."

> 엘렌 케이의 교육관은 '자연주의 교육관'이라고 불린단다. "자연이 스스로를 돕는 것처럼 아이들 또한 스스로를 도울 것이니 이를 믿고 지켜보자."라는 입장을 견지하고 있어 그러한 듯하다. 하지만 요즘 사람들에게 자연주의 교육관이 웬 말인가. "그러고 싶지만 그럴 시간이 어딨어요? 조

> 금만 한눈 팔아도 뒤처지는 게 요즘 세상인데." 맞는 말이다. 하지만 아무리 급하다고 바늘허리에 실 매어 쓰랴. 아이들이 차근차근 잘 자라야 앞서든 뒤서든 할 것 아닌가. 순서를 잘 지키는 것은 중요하다.

'아하, 내가 도우려고 할 것이 아니라 아이들이 스스로를 돕도록 해야 하는구나. 내가 해야 할 일은 오히려 아이들이 스스로 돕는 것을 방해하지 않으려고 노력해야 하는구나. 나아가 아이들이 스스로를 더 잘 도울 수 있도록 주위 상황을 잘 살펴야 하는구나!' 대단한 깨달음이었다. 드디어 하나의 실마리가 풀린 것 같았다. 그리고 이는 곧 또 다른 여러 질문을 야기했다.

나: "하지만 그렇게 아이들이 스스로를 돕다가 잘못된 길로 들어서면 어쩌지요?"

엘렌 케이: "어린이를 교육하는 일은 잘못이 무마되거나 잘못이 없을 수는 없는 일이며, 오히려 언제나 잘못의 결과를 감수하지 않으면 안 된다는 확신에 기초하고 있어야 한다."

그랬다. 어쩌면 우리는 잘못되면 안 되기 때문에, 어린이가 아닌 조금 더 지식과 경험이 풍부한 어른이 나서는 것이 맞다는 생각에 빠져 있는지도 몰랐다. 그러다 보니 아이들에게서 본의 아니게 스스로 성장할 기회를 빼앗게 되는 것임을 깨달았다. 따라서 이런 상황에서 우리 어른들이 취해야 하는 태도는 잘못이 일어나지 않기를 바라는 것이 아니라, 언제든 그 잘못의 결과를 함께 감수하겠다 마음먹는 것이며, 이렇게 마음먹은 어른이 옆에서 든든히 버텨줄 때 아이들은 스스로 성장하는 것에 더 집중할 수 있게 된다는 원리를 깨우칠 수 있었다.

나에게 『어린이의 세기』는 단지 한 권의 책이 아니었다. 아이들을 키우면서 그동안 내게 생겼던 많은 물음표들에 하나하나 답을 제공해주었다. 어떤 경우는 친절히 바로 만날 수 있는 답도 있었으며, 어떤 경우는 오랜 시간을 두고 좀 더 면밀하게 찾아보아야 하는 답도 있었지만, 나의 질문들은 결국 순차적으로 답을 얻어갔다.

"인지할 수 없을 정도의 미약한 불신, 아주 작은 불친절, 작은 불공평, 순간적인 비웃음 등이 어린이의 민감한 영혼 안에 일생 동안 화상을 남길 수 있다. 반면에 기대하지 않은 호의, 고상한 환대, 정당한 분노 등은 어린이들의 영혼에 깊은 인상을 준다!"

"네 살, 다섯 살 정도의 어린이가 이미 자기 나름대로 성인들을 탐구하고 통찰한다는 것과, 놀랄 만한 정도의 명민함으로 자신의 가치들을 의식적으로 정립하고 모든 각각의 인상에 민감하게 반응한다는 사실을 교육자들은 거의 생각하지 못하고 있다!"

이러한 문장들을 통해 나는 내가 생각하는 것보다 아이들이 얼마나 영민한지, 얼마나 제 나름대로의 생각을 가지고 있는 존재인지에 대해 다시 한번 생각하게 되었다. 그리고 이러한 문장들을 읽으며 나의 어린 시절이 되살아났다. 어린 내가 세상을 바라보며 했던 생각, 느꼈던 감정들이 하나둘 내 안에서 되살아나는 것이 느껴졌다. 그리고 이 느낌은 아이들을 더 잘 이해하는 데 중요한 밑거름이 되었다. 생각해 보면, 우리는 누구나 어린아이의 시절을 거쳐 어른이 된다. 그런데도 어른이 되고 나면 마치 어린아이들이 전혀 다른 외계에서 온 존재인 양 아이들을 이해하기 힘들어한다. 왜일까. 우리 자신의 어린 시절을 잊었기 때문일 것이다. 완벽하지는 않지만 어렴풋이 자리 잡아가던 그때의 생각, 그때의 그 미묘한 감정들을 말이다.

이런 것들을 염두에 뒀는지, 케이는 또 자신의 책에서 이런 이야기를 한다.

"오직 어린이들과 함께 놀 수 있는 사람만이 그들에게 뭔가를 가르칠 수 있다는 말 안에는 깊은 통찰이 존재한다. 스스로가 어린이와 같이 되는 것이 어린이를 교육하기 위해 지녀야 할 첫 번째 전제조건이다. 그러나 그것은 억지로 꾸며서 어린이처럼 행동하는 것, 짐짓 어린이와 같은 말투를 사용하는 것을 의미하지는 않는다. 성인에게 대하듯이 어린이에게도 똑같이 신중한 태도와 세심한 마음과 신뢰를 보여주는 것을 의미한다."

여기까지 생각이 미치자 나는 그동안 내가 아이들을 지나치게 대상화해서 보지 않았나 하는 생각이 들었다. 비록 몸집은 작고 아직 여린 존재이기는 하나, 그 또한 한 명의 온전한 인간일진대, 늘 무언가 불완전한 존재, 아직 미숙한 존재로 여기며 가르치고 키우려고 하지 않았나 하는 생각 말이다.

'하지만 적어도 신체적으로 아직 덜 자랐고, 정신적으로 덜 성숙한 것은 사실이지 않은가? 아이가 어른이 된다는 것은 성장의 과정을 거쳐 보다 완전해진다는 의미 아닌가?' 잠시 혼란스러웠다. 그러나 이것이 얼마나 오만한 생각인지 깨닫는 데까지는 그리 오래 걸리지 않았다. 우리도 완전하지 않다. 또한 단지 누군가 나보다 나이가 많다는 이유로 나를 불완전한 존재로 취급한다면, 나는 그것을 받아들일 수 있겠는가? 물론 아이에 비해 어른이 훨씬 많은 경험을 쌓은 것은 사실이다. 그러나 그 사실만으로 더 완전하다고는 할 수 없다. 보라, 주변에 아이보다 못한 어른이 얼마나 많은지를. 그리고 어른이 된 우리가 어린아이 시절 가졌던 도덕과 이상을 얼마나 많이 잃었는지를. 어쩌면 아이에서 어른이 된다는 것은 무언가를 점점 더 잃어가는 것인지도 모른다. 점점 더 불완전해지는지도 모른다. 적어도 난 그랬던 것 같다.

엘렌 케이 Ellen K. S. Key, 1849~1926

스웨덴의 여성 사상가로 문학사, 여성 문제, 교육 문제에 걸쳐 휴머니즘의 입장에서 저작 활동을 했다. 지금 우리에게는 조금 낯선 인물이지만, 근대적 사상이 물결치던 당시 세계에서 유럽 및 전 세계 지식인들에게 보다 진보된 인간으로 거듭나기 위해 우리가 나아가야 할 방향, 지향해야 할 것들에 대해 이야기했던 매우 중요한 인물로 평가된다. 우리나라 첫 근대소설인 춘원 이광수의 『무정』에도 엘렌 케이가 등장했다.

우리가 잃고 있는 건 무엇인가?
― 에리히 프롬, 『나는 왜 무기력을 되풀이하는가』

- **저자** 에리히 프롬
- **번역** 장혜경
- **출판** 나무생각
- **발행** 2016. 08. 08.

" (…) 아이들에 대해 우리는 평소 깊이 이해하지 못한다. 바쁘다는 이유로, 아이들은 아직 어리다는 이유로, 우리가 어른이라는 이유로 부지불식간에 아이들을 함부로 대한다. 그런데 그 함부로 대함의 결과는 참혹하다."

에리히 프롬(Erich Fromm, 1900~1980)은 자신의 저서 『나는 왜 무기력을 되풀이하는가』에서, 아이들을 함부로 대하는 어른들의 태도 때문에 아이들은 결국 최초에 가지고 있던 적극성과 질문을 잃어버리고, 더 이상 아무것도 궁금해하지 않는 무기력의 상태에 빠지는 것이라고 이야기한다. 오 마이 갓. 적극적이지 않은 아이, 질문하지 않는 아이, 아무것도 궁금해하지 않는 무기력한 아이. 우리가 걱정하고 염려하는 바로 그 아이를 우리가 만든다는 이야기 아닌가. 그뿐만 아니다. 누군가에게 가질 법한 정당한 분노도, 적대감도 모두 잃어버린단다. 아이들의 감정을 함부로 대하는 우리들에 의해 감정 자체가 부정당하는 경험 때문이란다. 그것도 교육을 통해서란다. 그의 말을 잠시 들어보자.

에리히 프롬: "교육은 아주 일찍부터 아이들에게 결코 자기의 것이 아닌 감정을 느끼도록 가르친다. 특히 사람들을 사랑하라고 무비판적으로 친절하며 미소를 지으라고 가르친다. 그래도 미처 교육이 다

하지 못한 것이 있으면 나중에 사회적 압력이 해결해 준다. 웃지 않으면 다른 사람들 눈에 상냥한 사람이 아니다. 웨이트리스, 세일즈맨, 의사가 되어 서비스를 하려면 상냥한 사람이 되어야 한다."

그런데 이 책은 교육에 관련된 책은 아니다. 현대인들의 무기력 원인을 철학적으로 분석한 책이다. 프롬은 이 책에서 자본주의로 대표되는 현대 산업사회의 물신성에 결국 인간이 굴복, 인간이 만들어낸 세상에서 인간이 노예 상태에 처하게 되었다고 개탄한다. 인간의 필요에 의해 인간이 만들어낸 세상이 이제 인간의 주인 노릇을 하고 있다는 것이다. 그러면서 현대인들은 그 속에서 점점 자기 자신을 잃어가고 있다고 말한다. 스스로는 모두 자신의 의지에 의해 생각하고 느끼며 사는 것 같지만, 이것은 대단한 착각에 불과하고, 실상은 치밀하게 짜인 현대 사회의 틀 속에서 정해진 대로 생각하고 정해진 대로 느끼는 노예에 불과하다는 것이다. 이러한 노예 상태로부터 벗어나기 위해서는 "사람이나 사물 전체를, 객관적으로 보아야 한다."라고 이야기한다. 그것이 어떻게 해야 할 것인가에 대한 해답을 찾는 첫걸음이란다. 그리고 세상과 사물을 정확히 보기 위해서는 상대의 이미지를 왜곡해서도 안 되고, 내 상황을 투영해서도 안 된단다. 대신 있는 그대로를 보고 감탄할 줄 알아야 하며, 문제의 본질에 집중할 수 있어야 한단다. 덧붙여 어느 한쪽으로 금세 끌려가지 않고 팽팽한 긴장감을 버틸 수 있어야 한단다. 그래야 나만의 답을 찾을 수 있고, 내 '진짜 삶'을 살 수 있다고 에리히 프롬은 이야기한다.

이는 우리 사회의 교육시스템에 정확히 적용되는 말 아닌가? 우리는 아이들을 잘 키우기 위해 교육시스템을 만들었지만, 어느 순간 보니 모두가 이 시스템의 노예가 되어 그 속에서 벗어나질 못하고 있다. 심지어는 모두 자신이 선택한 목표를 향하고 있다고 생각하지만, 알고 보면 자신의 꿈도 잃고, 목표도 잃고, 심지어는 자기 자신이 누군지, 왜 이렇게 뛰고 있는지 알 수도 없는 지경에 이르고 있으니 말이다. 프롬이 말하는 '노예'는 〈오징어 게임〉의 말을 의미하고 있는 것이다. 하여, 이러한 상태를 벗어나기 위해 우리는 상황을 정확히 볼 줄 알아야 한다. 그리고 감탄하고, 집중하고, 문제 해결을 위해 팽팽한 긴장감을 버틸 수 있어야 한다는 것이다.

한마디로 우리가 맞닥뜨리는 문제를 해결하기 위해 어떤 스탠스, 어떤 마음가짐을 가져야 하는지를 알려주는 귀한 책이 아닐 수 없었다. 무기력함에 대한 통찰은 오히려 덤.

한편, 에리히 프롬은 책에서 현재 아이들의 상황을 상징하는 것으로 장난감 전화기를 꼽는다. 진짜 전화기와 똑같이 생겼지만, 그 누구와도 연락이 안 되는 장난감 전화기 말이다. 아이들은 이 전화기를 들고 깊은 무기력함에 빠진다고 한다. 장난감 전화기를 받아주자. 그들의 부름에 응답해주자.

나: "하지만 현실에서 이를 실천하기는 너무나 힘들잖아요. 우리가 아이들만 케어하며 사는 것이 아니니까요."

맞는 말이다. 하루에도 수만 가지 일들을 처리해야 하고, 그 와중에 아이들도 챙겨야 하고, 그 와중에 아이들을 우리와 동일한 존재로 존중도 해주어야 하니, 여간 어려운 일이 아니다. 하지만 달리 생각해보면, 똑같이 수만 가지 일들이 생기는 와중에도 어른들을 정중하게 대하는 것은 그리 어려운 일이 아니지 않는가? 즉, 생각하기 나름일 수도 있다. 어른이든 아이든 정중하게 대해야 하는 건 인간에 대한 기본 예의니까. 그럼에도 불구하고, 아이들에게 함부로 하는 경향이 있다면, 그건 다른 이유일 수 있다. 우리도 모르는 사이 아이와 나 사이에 존재하는 힘의 불균형을 의식한 결과와 같은. 만일 아이가 나이는 어리지만 힘이 나만큼 세다면? 아무도 그 아이를 함부로 대하지 못할 것이다. 참 얄팍하고 간사한 일이 아닐 수 없다. 이에 대해서는 에리히 프롬도 다음과 같이 인정한다.

에리히 프롬: "이처럼 아이를 진지하게 대하지 않는 이유는 아이의 생물학적 무능력 때문이다. 분명 아이는 오랫동안 상대적으로 무능력하며 어른에게 의존한다. 그런데 이런 무능력이 어른들에게 기사도 정신이나 모성애의 성향만 일깨우는 것은 아니다. 의식적으로든 무의식적으로든 아이를 무시하고 멸시하는 성향을 더 많이 일깨운다."

덧붙여 경제적 능력의 유무도 아이에 대한 태도에 반영된다고 지적한다.

에리히 프롬: "현대 사회는 인간의 가치를 경제적 능력에 바탕을 두고 평가한다. 모든 사람에게 돌아가는 존중의 정도는 그의 경제적 생산력의 정도에 좌우된다. 경제적으로 어떤 잠재력도 없는 사람은 결국 인간적인 주목을 받지 못한다. 노인을 대하는 태도, 병원에서 환자를 대하는 태도를 세심하게 관찰해보면 아이를 대하는 방식에서도 똑같은 태도를 발견하게 될 것이다. 냉혹한 무시부터 과도한 친절과 도움에 이르는 모든 감정의 수위가 바로 그것이다."

결론적으로 우리가 현재 아이들에 대해 매우 무례한 태도를 취하고 있다는 에리히 프롬의 지적은 맞는 지적이다. 그러니 이를 완전히 고치지는 못할지라도 의식은 하도록 하자. 우리의 무례함이, 우리의 함부로 대함이 아이들의 적극성과 질문과 호기심을 잃게 하는 원인이라 하지 않는가. 오늘날 아이들이 무기력해진 것은 바로 이런 우리들의 태도로부터 촉발된 것이라지 않는가.

마지막으로, 그의 통찰을 한 가지만 더 엿보자. 그는 독창성과 합리화에 대해 다음과 같이 정의한다.

에리히 프롬: "독창적이라는 단어는 그 생각을 그보다 먼저 한 사람이 없다는 의미가 아니다. 그 생각을 한 사람이 외부세계나 자기 자신에게서 새로운 것을 발견하기 위한 도구로 자기 자신을 이용한다는 의미다. 합리화의 본질에는 이런 발견과 폭로가 없다. (…) 합리화는 현실로 나아가기 위한 적절한 수단이 아니다. 그저 자신의 소망과 기존 현실을 일치시키려는 사후의 노력일 뿐이다."

내게는 현실에서 우리가 행하는 "사회가 이러하니 어쩔 수 없어." 혹은 "남들도 다 그러하니 어쩔 수 없어."라는 한탄이 가지는 한계에 대한 얘기로 읽힌다. 이 한탄은 우리를 현실로 나아가게 돕는 것이 아니다. 오히려 현실을 극복하고 나아가기 위해 우리는 현실에서 끊임없이 새로운 것을 발견해내려는 사고를 끄집어내야 한다. 한마디로 독창적이어야 한다는 얘기다.

에리히 프롬 Erich Fromm, 1900~1980

사회심리학자이자 정신분석학자로, 프랑크푸르트의 유대인 가정에서 태어났다. 하이델 베르크 대학을 졸업한 후 프리다 라이히만의 정신분석 치료소에서 정신분석학을 연구해 1927년 자신의 진료실을 열었다가, 나치가 대두하자 1934년 미국으로 망명, 귀화한 후 컬럼비아 대학에 재직했고, 1946년부터는 윌리엄 앨런슨 화이트 연구소에서 심리학자이자 정신분석학자, 정신과 의사로 재직하였다. 이후 멕시코 국립대학의 정신분석학과 의과대학 교수로 재직했던 에리히 프롬은 『자유로부터의 도피』, 『사랑의 기술』, 『소유냐 존재냐』 등의 저서로 유명하다.

학교는 왜 존재하는가?
— 존 홀트, 『아이들은 왜 실패하는가』

- **저자** 존 홀트
- **번역** 공양희
- **출판** 아침이슬
- **발행** 2007. 07. 10.

그렇다면, 우리는 왜 이토록 심각한 무기력으로부터 빠져나오지 못하는 것일까? 이에 대해서는 대안교육운동의 선구자인 존 홀트John C. Holt의 이야기를 들어보자. 그는 자신의 책 『아이들은 왜 실패하는가』에서 학교 교육의 문제점을 신랄하게 폭로하고 있다.

존 홀트: "질문을 하는 교사들은 정답을 열망하고 정답만을 들으려는 경향이 있다. 아이들이 맞는 답을 해 주어야만 자기가 잘 가르치고 있음을 확인하고 다음 과제로 넘어갈 수 있기 때문이다. (…) 어떤 희생을 치르더라도 어른들을 기쁘게 해야만 한다는 강박관념이 아이들의 사고에 훼방을 놓고, 아이들로 하여금 그지없이 옹색하고 방어적인 전략들을 구사하게끔 몰아간다."

그는 이것이 바로 학교에서 아이들이 실패할 수밖에 없는 이유이며, 이때의 실패는 정답을 맞히지 못하는 사람이 되는 것이 아니라, 점점 더 창의력이 없는, 자신만의 생각이 없는 사람이 되어가는 것임을 역설한다. 그리고 이러한 실패가 실제 학교 교육의 성과에 매우 안 좋은 결과로 나타나게 된다는 것도 더불어 강조한다.

존 홀트: "학교에 다니는 아이들은 거의 모두 실패한다. 너무나 많은 아이들에게 이 실패는 불을 보듯 뻔하고 절대적이다. 미국의 경우

고등학교에 입학하는 아이들 중 40%는 졸업을 하지 못한다. 대학에서도 역시 세 명 중 한 명은 낙오한다. 나머지 아이들도 학교를 졸업했다 뿐이지 사실은 실패한다."

이에 대해서는 에리히 프롬도 마찬가지 견해를 갖는다. 구체적으로 '학교'라고 특정하지는 않았지만, 우리 사회에서 소위 교육이라고 일컬어지는 일련의 과정을 거치는 동안 아이들은 얻는 것보다 잃는 것이 많다는 것이다. 부수적인 능력을 얻고, 핵심적인 능력을 잃는다는 것이다. 비단 삶뿐만이 아니라, 많은 사람들이 원하는 바로 그 학습능력에 있어서도 말이다.

에리히 프롬: "아이들은 이 능력을 아직도 가지고 있다. 노력을 총동원하여 새로운 세상에서 방향을 찾고 항상 새로운 사물을 붙잡아 알아간다. 당황하고 놀라고 감탄할 수 있다. 이를 통해 창조적으로 응답할 수 있다. 하지만 교육 과정을 거치면서 대부분의 사람들이 감탄의 능력을 잃는다. 이제 자신은 모르는 것이 없으며 감탄은 무지의 증거라고 생각한다. 세상은 더 이상 기적으로 가득하지 않고 사람들은 세상을 당연한 것으로 받아들인다. 하지만 감탄의 능력이야말로 예술과 학문의 모든 창조적 결과를 낳는 조건이다."

결국 그리하여 아이들은 타고난 지성을 잃고 그저 정답을 맞히는 데 급급한 존재로 전락한다. 매우 슬픈 일이 아닐 수 없다. 아이들이 이렇게 정답 맞히는 기계로 전락하는 것이 더욱 슬픈 이유는, 이 세상에는 문제집에 나와 있는 문제 외에도 풀어야 할 수수께끼가 엄청나게 많기 때문이다. 삶을 이해하고 인간을 이해하고 세상을 이해하는 데 도움이 되는 수수께끼들 말이다.

존 홀트는 이러한 상황에서도 자신의 타고난 지성을 잃지 않는 아이들 또한 존재함을 이야기한다. 교실에서 두각을 나타내지 않고, 좋은 입시 결과를 내지 못하지만, 삶의 본질에 대해 오래 생각하고 이해하려는 욕구를 타고난 아이들이란다. 일명 '사색파' 아이들. 그는 이 아이들이야말로 우주에 존재하는 보편적인 법칙을 이해하는 아이들이라며, '정답파'들은 도저히 상상할 수 없을 정도의 긴 시간을 이 법칙을 이해하는 데 들인다고 말한다. 아마 아인슈타인도 그런 아이였던 모양이다.

아인슈타인: "나는 신이 우주를 가지고 주사위 놀이를 할 거라고는 믿지 않는다."

마지막으로, 그는 성공과 실패에 대해 이는 어른들이 정해놓은 것일 뿐, 아이들의 관점이 아니라며, 아이들의 관점에서는 모든 것이 노력과 모험이라 이야기한다. 걸음마를 배우는 아기들이나 자전거 타기를 배우는 아이들에게 성공과 실패가 없듯, 이는 인생 전체에서도 마찬가지라고 말이다. 맞는 말이다. 성공과 실패의 이분법이 노력과 모험이라는 콘셉트보다 좋은 것이 무엇이란 말인가. 즐거운 여정을 끔찍한 지옥으로 만들뿐임을 잊지 말아야 한다.

이 외에도 이 책은 아이들에 대한 열렬한 감탄과 경이로움으로 가득 차 있다. 어른들이 만들어 놓은 틀과 기준에 맞추느라 아이들이 얼마나 애를 쓰는지, 그 속에서 좌절하기도 하지만 또 얼마나 창의적으로 문제를 해결하는지 말이다. 이 책을 읽다 보면 아이들이 모두 생생하게 살아 숨쉬는 것이 느껴진다. 그에 반해 우리가 그 생명력을 채 다 알아차리지 못하고 있다는 느낌도 동시에 든다. 그 생명력을 다 알아차릴 때까지 아이들에 대한 관심과 이해하려는 노력은 계속되어야 할 것이다. 우리가 진정 아이들을 돕고 싶다면 말이다.

참된 학습은 어떻게 가능한가?
- 엘렌 랭어, 『마음챙김 학습혁명』

- **저자** 엘렌 랭어
- **번역** 김현철
- **출판** 더퀘스트
- **발행** 2016. 01. 05.

한편, 그럼에도 불구하고 현실은 현실이라는 생각이 들 수 있다. 그런 분들께 권해드리기 딱 좋은 책이 한 권 있다.

이 책의 부제는 "어떻게 배울 것인가"이다. 하지만 좀 더 내용에 충실하게 바꿔본다면 "진정한 학습은 어떻게 이루어지는가"가 더 적합하지 않을까 싶다. 즉, 참된 학습에 대한 책이라는 얘기다.

사실 대한민국 부모들은 한쪽 끝에 아이들을 온전히 존중해주고 싶은 마음을 가지고, 다른 한쪽 끝은 현실에 대해 항상 우려하고 불안해하며, 그렇게 아이들을 키우고 있다. 이런 부모들에게 무조건 사랑과 존중만으로 아이들을 대하라고 하는 것은 무리일 것이다. 이 책은 그런 측면에서 도움이 될 법한 책이다.

우리 사회에서 공부는 그저 열심히 하면 되는 것, 최선을 다해 하는 것 정도로 인식된다. 그 내용이 무엇이든 간에 말이다. 하지만 이 책은 무조건 열심히 하는 것으로는 참된 학습에 도달할 수 없다고 말한다. 여기서의 참된 학습이란, 결과가 아닌 과정 자체를 즐길 수 있고 그리하여 주어진 정보 이상의 지점에까지 우리의 지적인 능력이 이를 수 있는 방법을 의미한다. 그녀는 수년간의 연구를 통해 참된 학습을 위해서는 머리가 아닌 마음을 먼저 챙겨 마음으로 학습을 해야 한다며, 그러할 때 보다 창조적이고 발전적으로 학습할 수 있다고 말한다. 그러면서 우리 사회에는 참된 학습을 방해하는 일곱 가지의 잘못된 통념이 존재한다고 지적한다. 그 일곱 가지는 다음과 같다.

첫째, 기본기는 제2의 천성이 될 때까지 기계적으로 숙달해야 한다.
둘째, 주의력은 한 번에 한 가지 일에 대해 집중력을 유지하는 것이다.
셋째, 나중에 오는 만족감이 중요하다.
넷째, 기계적인 반복에 의한 암기가 교육에 꼭 필요하다.
다섯째, 배운 것을 잊어버리는 것은 문제다.
여섯째, 지능은 외부의 환경을 알아차리는 것이다.
일곱째, 모든 질문에는 정답과 오답이 항상 존재한다.

어떤가? 모두 평소 우리가 가지고 있던 생각들이 아닌가? 이 생각들이 모두 잘못되었다면, 지금까지 우리가 한 학습은 무엇이란 말인가. 이제부터 이에 대한 설명을 하나하나 들어보자.

먼저, 첫 번째 '기본기는 제2의 천성이 될 때까지 기계적으로 숙달해야 한다'는 보통 '1만 시간의 법칙'이라고 말하는 것이다. 꾸준히, 그리고 완전히 익힐 때까지 반복하다 보면 어떤 일이든 대가의 수준에 이르게 된다는 것이다. 이에 대해 랭어는 그렇지 않다고 말한다. 다음과 같은 이유다.

엘렌 랭어: "새로운 기술을 접한다는 것은 말 그대로 그때까지 그 기술에 대해 백지상태에 있다는 것을 의미한다. 그 시점에 우리가 각각 다른 환경이나 다양한 단계에서 새로운 기술을 시도해보기도 전에 더욱이 자신의 힘과 능력, 경험에 적용해 보려는 노력을 기울이기 전에 그 기술에 대해 이해하려는 노력을 포기하는 것이 합당한 것일까? 그리고 그 기술에 대해 거의 백지상태인 초기에 배운 것을 고수함이 옳은가? (…) 기술을 규칙대로 아무 생각 없이 연습한다면, 우리는 스승을 앞지를 수가 없다."

즉, 그냥 무조건 열심히만 해서는 안 된다는 것이다. 이러저러한 시도를 통해 보다 나아갈 수 있는 길을 모색하며, 그 과정에서 단순히 오랜 시간 연습하는 것보다 더 큰 것을 배워나가야 한다는 말이다. 이를 위해 연습을 대하는 마음을 먼저 챙겨야 한다는 것이다. 하기 싫어도 해야 하는 것이 아닌, 매우 흥미롭고 창조적인 시도의 과정으로. 이런 연습을 랭어는 "옆길 학습"이라고 명명한다. 옆길 학습이란, "틀이 꽉 짜인 매뉴얼이 아닌 대략적인 안내만 제공된 상태에서 새로운 것, 다른 것, 다른 상황, 다양한 관점 등을 고려하면서 자기만의 방식으로 공부해 나가는 것"을 말한다.

둘째, '주의력은 한 번에 한 가지 일에 대해 집중력을 유지하는 것이다'에 대해, 랭어는 "주의가 산만하다는 것은 다른 곳에 집중하고 있다는 뜻"일 수 있다며, 산만한 행동이라고 꼬리표를 붙이는 일은 주제넘는 일일 수 있다고 경고한다. 또한 한 가지 이미지나 생각만을 견지하려고 노력하는 것은 매우 어려운 일이며, 자연스러운 일이 아님을 강조한다. 이러한 관점에서 그녀는 눈앞의 대상에 주의를 기울이려고 애쓰는 것이 중요한 것이 아니라, 내 마음의 상태에 주의를 집중하는 것이 중요하다고 한다. 즉, 주의를 집중한다는 것은 고정된 카메라처럼 작동하라는 뜻이 아니라, 상황을 변경하거나 대상에서 새로운 특성을 발견해 내어 기꺼이 주의가 집중될 수 있도록 노력하는 것이라는 설명이다.

셋째, '나중에 오는 만족감이 중요하다'는 것은 마시멜로 실험으로 잘 알려진, 하고 싶은 것을 인내하면서 하기 싫은 일을 해낼 수 있어야 성공에 보다 근접할 수 있다는 통념을 이야기한다. 그러나 랭어는 이 또한 매우 잘못된 통념이라며, 아이들이 눈앞의 즐거움을 외면하고, 미래에 커다란 보상을 가져다주는 활동에만 시간과 에너지를 투자해야 한다고 배우는 것은 우리가 사는 세상이 공정하고 질서가 있으며 예측 가능하다는 가정하에서나 가능한 일이라고 지적한다. 그뿐만 아니라, 그렇게 배운 아이들은 다른 사람들에 대해서도 같은 기준을 적용하기에, 성공하지 못한 사람들에게는 그만한 이유가 있을 것이라 믿음을 갖게 하는 매우 위험한 일이라고 경고한다. 즉, 다른 사람들의 고통을 당연히 그들이 받아야 할 처벌로 인식하게 하는 잘못된 결과를 불러올 수 있다는 것이다. 실제 세상은 그렇게 공정하고 질서정연하며 예측 가능하지 않은데 말이다. 그러면서 무언가 하기 싫은 일을 해야 하는 것이 세상사인 것은 사실이지만, 그것을 하게 하려고 보상을 준다거나 재미 요소를 첨부하는 것은 그 일이 하기 싫은 일이라는 대전제를 더욱 강화시키는 역효과를 가져올 수 있다며, 그 일 자체를 즐거운 것으로 인식하게 만드는 것이 중요하다고 덧붙인다. 물론 '마음챙김'을 통해서 말이다.

아이를 키우는 부모들이라면 모두 다 고민해보았을 일이다. 공부, 책 읽기, 숙제 등 해야 할 일은 태산인데, 아이들은 이 모든 것을 하기 싫은 것으로 인식하니 말이다. 실제 랭어가 우려하는 방법도 많이들 써 보았을 것이며, 효과보다는 부작용이 더 많다는 것도 이미 경험해 보았을 것이다. 나 또한 마찬가지다. 어떻게 하면 아이들이 자신의 일을 기꺼이 하는 사람으로 자라게 할 수 있을까 수많은 고민을 하였지만, 뾰족한 답을 찾지 못하고 있던 참이었다. 그러던 차에 이 책을 만난 것이다.

그렇다면, 과연 이 마음챙김mindfulness은 대체 무엇일까? 랭어는 이에 대해 1) 어떤 행위에 대해 지속적으로 새로운 범주를 창안해 내는 상태, 2) 새로운 정보에 개방되어 있는 상태, 그리고 3) 한 개 이상의 관점에 대해 명확하게 인지하고 있는 상태라고 설명한다. 아마 정확히 와닿지 않을 것이다. 하여 이의 반대개념인 멍한 마음상태 mindlessness를 이해해 보자. 멍한 마음상태란, 1) 예전의 인식 범위에 구속되어 있는 상태, 2) 새로운 신호에 주의를 기울이지 못하는 상태, 3) 기계적인 행동과 단편적인 관점으로만 움직이는 상태를 말한다고 한다. 보다 명확해졌을 것이다.

이후 넷째부터는 직접 책을 읽어보기를 권한다. 모두 다 설명하면 책 읽을 동기가 사라지기 때문이다. 이 책에는 보다 적극적이고 효과적인 학습방법이 담겨 있다. 공부를 어렵고 힘들고 하기 싫지만 해야 하는 것으로만 생각하던 이전의 시선에서 벗어나 '새로운 깨달음을 통해 시야가 열리는 과정'으로도 받아들일 수 있음을 알게 될 것이다. 우리나라처럼 공부를 위해 모든 것을 포기해야만 한다면, 특히 공부에 대한 이 같은 남다른 해석과 접근법이 필요하지 않을까 싶어서다.

엘렌 랭어 Ellen J. Langer

'마음챙김의 어머니'로 일컬어지는 하버드대학교 심리학과 교수. 하버드대학교 심리학과에서 여성 최초로 종신교수직에 임용되었다. 40년이 넘도록 통제력에 대한 환상, 마음챙김과 노화, 스트레스, 의사결정, 그리고 건강 등의 주제로 11권에 이르는 책과 200편이 넘는 연구논문을 쓰며 광범위하게 활동해 오고 있다.

대한민국의 실상은 어떠한가?
– 이승욱·신희경·김은산, 『대한민국 부모』

- **저자** 이승욱, 신희경, 김은산
- **출판** 문학동네
- **발행** 2012. 06. 15.

한편, 대한민국의 교육 현실에 대해, 특히 그 속에서 아이들의 손을 잡고 뛰고 있는 대한민국 부모들의 상태에 대해 적나라한 실상을 알려주는 책도 있다. 바로 2012년에 초판이 인쇄된 『대한민국 부모』이다. 2012년에 초판이 인쇄되었다는 점을 강조하는 이유는, 이미 그때도 이렇게 심각했다는 이야기를 하기 위함이다. 내가 이 책을 써야겠다고 마음먹은 이유와 같다. 우리나라의 교육환경이 내가 우리 아이들을 한창 키울 때보다 훨씬 안 좋아진 것 같기 때문이다. 머나먼 누군가의 이야기로만 알던 청소년들의 자해나 자살 시도 이야기가 지근거리에서 들리고 있다. 그만큼 많아졌다는 뜻일 게다. 무서운 일이다. 더 늦지 않게 우리가 깨어나야 한다.

이 책은 정신분석학과 심리학, 사회학을 각각 전공한 세 명의 저자가 함께 쓴 책이다. 필자들 또한 이러한 절실함이 다급했던 모양이다. 아이들을 만나 상담을 하는 과정에서 "이대로는 안 되겠다. 아이들의 고통을 제대로 증거하는 책을 써야겠다."라고 마음먹어 집필하게 되었다고 한다. 그렇다면 도대체 무엇이 그리 심각했단 말인가? 이는 이 책의 1부 제목만 보아도 알 수 있다. "죽거나 죽이거나 미치거나 - 병든 것이 정상인 아이들"이다.

이 안에는 무수히 많은 '아픈 아이들'이 나온다. 초등학교 3학년 민희는 자주 얼굴을 찡그리고, 입을 씰룩거리는 틱 증세를 보이고 있다. 영재교육기관에 다닌 지 6개월 만에 나타난 현상이란다. 초등학교 6학년 세환이는 복통과 틱 증상 때문에 상담실을 찾은 아이다. 고등학교 3학년 민선이는 시험 불안 증세가 있다. 오른손이 불에 덴 것처럼 아파 연필도 잡지 못한다고 한다. 고등학교 2학년 재혁이는 환청과 환시 증세에 시달리고 있다. 누군가 방문을 열고 자신을 노려보고 있는 것 같단다. 그런데 그 사람이 엄마인 것 같단다. 소름 끼치는 이야기다.

　이런 아이들이 책 속에만 있는 것이 아니다. 지금 우리나라 곳곳에 수없이 많은 아픈 아이들이 있다. 그러나 이들에게 우리 사회가 보내는 시선은 이제 '공부 잘하려면 그 정도 스트레스는 감당해야 하지 않는가'이다. '실력을 키우기 위해서는 어쩔 수 없는 일'이라는 것이다. 그래서일까? 공부 잘하는 아이들 사이에서는 이러한 병적 증세가 일종의 훈장처럼 여겨지기도 한다고 저자들은 꼬집는다. 공부 잘하는 이웃집 아이의 원형탈모마저도 부러워하는 부모들이 있다는 것이다. 아픈 것은 아이들이 아닌 것 같다. 부모들인 것 같다. 상황이 이러하다 보니 살기 위한 아이들의 반격도 만만치 않다. 자신을 노예로 만드는 엄마에 대한 분노를 공유하는 '부모안티인터넷카페'까지 존재한다는 것이다. 이미 2012년에 말이다.

읽으면서 가장 가슴 아팠던 사례 한 가지를 옮겨보자.

"세환이가 그림을 그리면서 집에 못 간다고 말하자 눈시울이 붉어졌던 엄마는, 100점짜리 시험지를 그리면서 참을 수 있다고 말하는 대목에서는 다시 활짝 웃었다. 아이를 쳐다보는 감동 어린 눈빛에서는 아이의 인내력을 성장의 징표로 보는 듯한 뿌듯함이 느껴졌다. 상담이 끝나갈 무렵 아이는 100점짜리 시험지를 그린 종이를 엄마에게 내밀며 '자, 엄마, 100점'이라며 웃었고, 엄마는 '아이고 고마워요. 잘했네!' 하면서 웃었다. 그 순간 엄마는 아이의 복통과 틱 증상 때문에 상담실을 찾아왔다는 사실조차 잊고 있는 것 같았다. 아니, 사실 엄마는 대부분의 시간에 아이의 고통을 잊고 있었을 것이다."

처음 이 책을 접했을 때는 나도 충격적이었다. 어느 정도 예상은 했지만, 우리 사회에서 부모의 상태가 이렇게까지 심각하다니. 아이들의 성적 앞에 일말의 모성애마저도 깜빡 잊어버리는 엄마들의 모습에 머리가 어지러워질 정도였다. 하지만 나 또한 대동소이하리라. 이렇게 책 읽고 정신 똑바로 차리지 않았으면, 저런 엄마가 되고도 남았으리라. 절로 가슴을 쓸어내렸던 기억이 있다.

놀라운 것은 이 책의 저자들이 이러한 문제의 해법으로 '부모들의 자기성찰'을 제시하고 있다는 것이다. 아빠는 아빠대로, 엄마는 엄마대로 자기 자신을 직면하고, 자신의 삶을 들여다보아야 한다는 것이다. 그 결과 어른이 되어야 한다는 것이다.

"이제는 남편은 남편대로, 아내는 아내대로 제대로 된 고민을 시작해야 할 지점에 이른 듯하다. 남편이 아내에게 더 많이 공감해주고, 아내가 자식보다 남편을 위주로 산다고 해결될 문제가 아니다. 각자 자기 삶의 가치에 대해 스스로에게 질문을 던져보아야 한다. 진정 나는 무엇을, 누구를 위해 이렇게 살고 있나?"

'우숨터'(우리들의 숨 쉬는 터전 - 학부모들의 자기성찰적 책 읽기 운동체)가 제시한 해법과 정확히 일치한다. 우리는 통상 어떤 문제가 발생하면 이건 이래서 이렇다, 저건 저래서 저렇다 하며 분석하고 진단하기를 잘한다. 그러나 정작 그 문제에 자기 자신은 어떤 영향을 끼쳤는지에 대해서는 돌아보지 않는다. 학교는 학부모가, 학부모는 학교가 잘못하여 아이들이 망가졌다고 한다. 엄마는 아빠가, 아빠는 엄마가 잘못하여 아이들을 망쳤다고 말한다. 하지만 조금 살아본 사람이라면 알지 않는가. 이 세상에 내가 바꿀 수 있는 하늘 아래 유일한 존재는 나 자신뿐이라는 것을. 아무리 그 얘기가 옳다 해도 남을 탓하는 것으로는 아무것도 변화시킬 수 없다. 내가 나를 바꿔야, 상대도 상대를 변화시킨다는 것을.

이것이 '우숨터'의 근본적인 문제 해결 방법이다. 그런데 정확히 똑같은 해결 방법을 바로 이 책 『대한민국 부모』가 제시하고 있다. 다만, 한 가지 다른 것이 있다면, 우숨터는 직접 책을 읽으면서 스스로 성찰하고 돌아보며 변화의 단초를 만들어가자고 그 방법론까지 제시하지만, 『대한민국 부모』는 문제해결의 방향을 제시하는 것에서 그친다는 것뿐. 우숨터가 한 발 더 나갔다.

『대한민국 부모』에 이런 이야기가 나온다. "옥스퍼드 대학생들은 엄마가 자신에 대해 어떤 기대와 욕망을 가져도 그것은 엄마의 기대와 욕망일 뿐이라고 신경 쓰지 않을 수 있지만, 한국의 대학생들은 자신을 위해 희생하고 뒷바라지하는 부모에게 보답해야 한다는 생각에 마음껏 웃을 수만은 없을 것이다. 부모의 희생이 단순히 희생이 아니라는 사실을 알고 있기 때문이다."라고. 다음과 같은 이야기도 한다. "그렇다고 헌신적이고 희생적인 옛날 부모를 다시 살려내자는 말은 아니다. 희생과 부채감, 상실과 결핍으로 얼룩진 부모와 자식 관계를 언제까지 계속할 셈이냐는 말이다. (…) 부모가 자신의 마음을 희생한다는 것은 아이의 마음을 온전히 받아들이는 일이다. 아이에게 아이만의 삶이 있음을, 아이의 욕망이 있음을 온전히 받아들이는 일이다.

마음은 결코 희생하지 않고 돈으로 희생했다고 당당히 말하는 부모에게 아이들은 과연 무엇으로 보답할 수 있을까? 돈으로 키운 아이들이 부모에게서 받지 못한 마음을 돌려줄 수 있을까?"라고.

　마음을 희생한다는 것, 다른 말로 아이들의 삶을 내 마음대로 하려고 하지 않는다는 뜻일 것이다. 아이들의 성취를 남들에게 자랑하고, 남들로부터 훌륭한 엄마라는 칭찬과 인정을 받고 싶은 마음을 내려놓는다는 뜻일 것이다. 차라리 엄마인 우리가 덜 빛나고 말지, 내 마음 덜 흡족하고 말지, 아이를 희생시켜서는 안 된다. 희생은 우리가 해야 한다. 돈이나 시간, 에너지가 아니라, 마음의 희생 말이다.

　그나저나 위 이야기의 세환이는 어떻게 컸을까? 2023년 분당 서현역 묻지마 칼부림 사건을 일으킨 최원종 군을 보며 세환이가 문득 생각난 것은 괜한 오지랖일까.

서이초만의 사건이 아니다
― 김현수, 『괴물 부모의 탄생』

- **저자** 김현수
- **출판** 우리학교
- **발행** 2023. 09. 25.

서현역에서 칼부림 사건이 있기 한 달 앞서 우리 사회를 충격에 빠뜨린 사건이 하나 더 있었다. 바로 서초구 소재의 한 초등학교에서 발생한 교사 사망 사건이다. 사망 원인은 자살. 경찰 조사에 따르면 사망한 교사가 학부모의 악성 민원에 시달려 힘들어했다는 정황은 있으나 그렇다고 해서 학부모의 범죄 혐의점을 찾을 수는 없다며, 학교 업무로 인한 스트레스 및 심리적 취약성에 의한 극단적 선택으로 결론을 내리며 사건은 종결되었다.

그러나 그해 "나 카이스트 나온 부모야"부터 경기도 교육청 공무원의 학부모 갑질 사건까지가 언론을 통해 세상에 알려지면서 한국 사회에는 그 전에 없던 새로운 용어가 탄생했다. 바로 '괴물 부모Monster Parents'이다. 알고 보니, 이미 일선 학교에서는 학부모 갑질을 일삼는 '괴물 부모'들로 인한 고충이 상당했고, 심각한 사건 사고도 상당수 접수되고 있었던 것이다.

사실 '괴물 부모'라는 용어가 우리 사회에서나 새롭게 등장한 것이지, 이미 2006년 일본을 시작으로 2010년에는 홍콩까지 심각하게 번진 하나의 사회현상임을 알린 책이 있다. 바로 정신과 의사이면서 오랫동안 대안교육 운동을 해 오신 김현수 선생님의 『괴물 부모의 탄생』이다.

『대한민국 부모』가 2012년의 대한민국 실상을 담고 있다면, 2023년의 대한민국 실상을 담고 있는 이 책은 괴물 부모를 "자녀에게는 매우 권위적이면서 동시에 자녀를 매우 과잉보호하는 부모"로 정의하며, 캐나다 심리학자 로미오 비텔리Romeo Vitelli의 분석에 기반해 그 특징을 다음의 일곱 가지로 정리한다.

첫째, 내 아이는 항상 옳다. 그래서 내 아이 말을 믿는다.
둘째, 소중한 내 아이를 다른 사람들이 혼내거나 함부로 할 수 없다.
셋째, 학교에서 내 아이는 1등 혹은 잘하는 아이여야 한다.
넷째, 교사는 내 아이를 잘 돌봐야 한다.
다섯째, 내 아이가 잘못했다면 그건 학교나 교사, 혹은 다른 아이들이 무언가를 잘못했기 때문이다.
여섯째, 교사는 전적으로 책임져야 한다. 아니면 교장이 전적으로 책임져야 한다.
일곱째, 학교라는 조직은 권력이나 돈을 사용해야만 정의를 되찾을 수 있다.

괴물 부모들은 "자신이 옳다는 확신이 강해 자기 주장을 반복하는 데다 이미 의심과 경계신, 그리고 교사와 학교에 상처를 주겠다는 확고한 마음으로 움직이기 때문"에 학교나 교사 입장에서도 효과적으로 대처하기가 힘들다고 설명하고 있다. 게다가, 더 큰 문제는 이러한 부모의 모습을 보고 아이들 또한 자라면서 반사회적으로 변하기도 한다고 하니 심각하지 않을 수 없다.

그렇다면, 왜 이렇듯 부모들이 괴물이 되어가는 것일까? 이 책에 따르면, 자기 증오와 연민, 병적 자기애와 유아적 전능감, 과도한 불안과 트라우마 등을 지적하고 있으나, 이런 어려운 어휘들이 아니더라도 우리는 충분히 유추할 수 있다. 갈수록 핵가족화되어가는 속에서 하나뿐인 우리 아이가 너무 소중하기 때문 아니겠는가? 그런데 그 아이를 키워야 하는 세상이 지독히도 살기 어렵고, 경쟁은 치열하며, 돈이 전부인 세상이기 때문 아니겠는가? 이런 세상에서 잘 살아가기 위해서는 그 어느 때보다도 부모가 지혜로워야 하는데, 아뿔싸! 미성숙하고 아직 어른이 채 되지 못한 부모가 그 자리를 차지하고 있으니, 지혜는커녕 문제를 폭력적으로 풀게 된 것 아니겠는가. 나는 이것이 괴물 부모가 출현한 이유라고 생각한다.

결국 이런 괴물 부모들은 자신의 아이를 사랑한다는 이유로 학교를 공격하고, 교사를 공격하고, 우리 모두를 공격한다. 한마디로 '잘못된 사랑'이다. 저자 김현수는 이러한 현상에 대해 돈과 권력이면 다 된다는 생각, 수단과 방법을 가리지 않고 성공과 돈만 추구하는 세상에서 우리가 잃어버린 것들이 있기 때문이라고 지적한다. 정의와 상식, 염치와 인정 같은 아주 기본적인 것들 말이다.

그런 측면에서 생각해보면, 지금 우리 사회의 극단적인 경쟁교육은 괴물 엘리트를 넘어 괴물 부모들을 길러내고 있는지도 모른다. 인간으로서 우리가 이 세상을 살아가는 데 필요한 가장 기본적인 것들을 잃어버리게 하고 있으니 말이다. '괴물들이 판치는 세상'을 다시 한번 염려하지 않을 수 없다.

끊어진 연속성을 되살려내야
– 진 리들로프, 『잃어버린 육아의 원형을 찾아서』

- **저자** 진 리들로프
- **번역** 강미경
- **출판** 양철북
- **발행** 2011. 06. 10.

이번에는 조금 다른 이야기를 해 보자. 아이들이 어떤 존재이며, 대한민국의 실상은 어떠한지에 대해 충분히 이해를 했음에도 불구하고, 나에게는 완전히 해소되지 않는 질문이 있었다. 그것은 보다 본질적인 질문이었는데, 이를테면 인간에 대한 근본적인 궁금증, 혹은 호기심 같은 것이었다.

우리는 모두 한 개인이기 이전에 인간이다. 인간이라 함은 생물학적으로 하나의 종이다. 하여 인류라고도 한다. 이는 아이들도 마찬가지다. 우리가 아이를 낳고 키우기는 하지만, 실은 아이는 내 아이이기 이전에 한 인간이고, 동시에 생물학적 종으로서의 인류에 속한다. 우리는 여기서 무엇을 생각해야 할까?

이제 소개할 책은 바로 이러한 밑도 끝도 없는 질문에 일말의 단서를 제공하는 책이다. 남미의 원시 부족인 예콰나족의 생활양식을 통해 말이다. 저자인 진 리들로프의 말은 이렇다.

진 리들로프: "개인의 연속성은 그 자체로 완전함을 지니지만 가족의 연속성 가운데 일부를 형성하기도 한다. 마찬가지로 가족의 연속성은 부족의 연속성 가운데 일부를, 부족의 연속성은 공동체의 연속성 가운데 일부를, 공동체의 연속성은 종의 연속성 가운데 일부를, 인

간이라는 종의 연속성은 전체 생태계의 연속성 가운데 일부를 이룬다. 각각의 연속체는 고유의 기대와 성향을 지니는데, 이러한 기대와 성향은 전범이 되는 오랜 선례에서 나온다."

그렇다. 우리 모두는 어떤 하나의 연속성 안에 있는 것이다. 겉으로 보기에는 모두 개별적인 각각의 개체 같지만, 결코 그럴 수 없다. 동일한 세대를 사는 개개인이 서로에게 영향을 주고받는 것을 설명하는 것은 그나마 쉽다. 그러나 세대를 달리하여 무언가 태초부터 지금, 그리고 미래까지를 엮어내는 통찰을 얻기란 생각보다 쉽지 않다. 계승 발전이라는 개념으로도 무언가 부족하다. 바로 이 부족함을 채운 것이 진 리들로프의 '연속성'이라는 개념이다.

하지만 이 연속성의 개념을 말로 설명하는 것은 쉽지 않다. 너무 심오한 개념이기 때문이다. 그래서인지 책의 어느 대목에서도 연속성이라는 개념을 정확히 정의한 바를 찾을 수가 없다. 하여, 책을 읽고 곱씹어 내 것으로 소화한 것을 정리해 보겠다. 저자의 생각과 정확히 일치할지는 모르겠으나, 나의 문해력이 그렇게 문제적 수준이 아니라면, 아마 거의 비슷할 것으로 생각한다.

내가 이해한 연속성은 이런 것이다. 사람은 누구나 엄마 뱃속을 통해 세상에 출현한다. 그러다 보니 엄마와 연결되어 있다가 떨어져 분리되어 나왔다는 느낌을 가지기가 쉽다. 즉, 분리 독립된 개체가 된 것이다. 그러나 이는 육체적 분리일 뿐 인류라는 종의 차원에서는 분리가 아니다. 종을 계속 영속시켜주고 이어주는 또 하나의 개체가 탄생한 것일 뿐이다. 그렇다면, 인류라는 종 차원에서 개인은 어떤 존재여야 하는가. 아마도 인류의 보편적인 기대와 성향을 물려받는 존재여야 할 것이다. 예를 들어 앞선 세대가 보고 듣고 느낀 것을 배우고 참조해 우리 또한 보고 듣고 배운다. 그리고 이는 다음 세대로 부지불식간에 전달된다. 의식적으로, 또 무의식적으로 말이다. 우리가 모든 것을 전달받은 것처럼.

그런데 문제는 고도로 발달한 산업사회는 이러한 연속성을 무시한다. 마치 개개인이 모두 단절된 개체이며 그래도 상관없다는 듯이 움직인다. 어쩌면 그러한 단절을 더 부추기는지도 모르겠다. 더 많은 결핍, 더 많은 외로움을 조성해야만 상품이 파고들 자리가 더 커지기 때문이다. 이러한 이유로, 현대인들은 연속성의 개념을 거의 잊고 산다. 그러다 보니 자연스럽게 본인이 인간이라는 사실도, 인류의 한 부분이라는 사실도 낯설다. 이 낯섦이 결국 병으로 발현된다. 이해 불가한 상태에 이르게 하기 때문이다. 이 병은 술이나 마약에 중독되거나 일종의 정신병리적 이해 불가한 상태에 이르게 하기 때문이다. 이 병은 저자는 사춘기의 방황이나 유아기의 떼씀도 이에 해당할 수 있다고 지적한다. 연속성이 살아있는 예콰나족 아이들에게서는 보이지 않는 특성이기 때문이다.

예를 들면 이런 것이다. 도시에서 태어나는 아이들은 태어나자마자 버석거리는 천에 온몸을 감싸인 채 신생아실로 보내진다. 태어나면 엄마의 따스한 품에 안겨 드디어 세상을 만나게 될 것이라는 아이의 기대 따위는 안중에도 없는 처치다. 또 도시에서 자라는 아이들은 덜컹거리는 유모차에 태워져 어디로 가는지, 무엇을 하는지도 모른 채 하염없이 이리저리 실려 다닌다. 사람이 사람으로서 살아가기 위해 어떤 진동으로 걷는지, 어떤 공기 속에 숨을 쉬는지, 어떤 소리를 듣게 되는지 따위는 전혀 배려되지 않은 처사다. 예콰나족의 엄마들은 그렇지 않다. 그녀들은 아이를 낳자마자 품에 안고 엄마의 살갗에서부터 젖 냄새를 맡게 하고, 주변을 감싸고 있는 따뜻한 공기를 마시게 하며, 정감 있는 이웃들과 인사를 나누게 한다. 그리고 엄마는 몸이 회복되는 대로 아이와 함께 일상으로 복귀한다. 아이를 위한 특별한 배려 따위는 없다. 대신 아이는 모든 순간 자신이 속한 공동체를 온몸으로 체험하고 익힐 수 있다. 그 결과 아이는 자신이 어딘가에 속해있다는 소속감과 익숙함을 얻는다. 이는 아이의 내면에 깊은 안정감으로 자리한다. 예콰나족 아이들에게서 떼씀이나 사춘기 방황이 나타나지 않는 이유이다. 술이나 마약, 혹은 정신질환은 말할 필요도 없다.

나는 이 개념을 이해하고 정말이지 충격을 받았다. 그간의 책들이 주지 못한 가장 근본적이고 핵심적인 질문에 답을 찾을 수 있었기 때문이었다. 우리가 놓치고 있는 것이 바로 이것이로구나!

나는 이 책을 읽은 후 아이들에 대해 그저 내가 낳은 나의 자녀라는 시각에서 조금 벗어날 수 있게 되었다. 비록 내가 낳았지만, 나와 마찬가지로 우리 공동체의 한 구성원이며, 오랫동안 이어져온 인류의 한 연결고리가 되는 이음새들인 것이다. 그러니 우리가 사는 사회, 우리가 만든 세상에 대해 가급적 친절히, 그리고 많이 알려주자는 생각을 갖게 되었다. 국영수만 알려줄 것이 아니고 말이다.

육아에 대한
새로운 관점에 눈을 뜨다
- 파멜라 드러커맨, 『프랑스 아이처럼』

- **저자** 파멜라 드러커맨
- **번역** 이주혜
- **출판** 해냄출판사
- **발행** 2024. 03. 20

이 책은 잘나가던 미국 경제저널 기자이던 저자가 어느 날 갑자기 엄마가 되면서 겪은 좌충우돌 성장기다. 다행히도 이 엄마는 아이를 미국이 아닌 프랑스에서 낳았다. 즉 사람은 미국 사람인데, 사는 곳은 프랑스가 된 상황. 그 속에서 미국인인 엄마는 프랑스라는 사회가 가지는 독특한 힘을 발견한다. 이 힘에 대해 저자는 "문명의 힘"이라고 칭하고, 이 문명의 힘은 그들의 식탁에마저 존재한다고 이야기한다.

그랬다. "레스토랑에서 소란 한번 피우는 법 없이 식탁에 얌전히 앉아 코스요리를 먹는 유아들, 부스스한 머리에 트레이닝복 차림으로 아이 뒤치다꺼리를 하는 대신 트렌치코트에 풀 메이크업을 하고 하이힐을 신은 엄마들, 놀이터나 쇼핑센터에서 떼를 쓰거나 내달리거나 징징대지 않는 아기들, 치킨너깃 대신 삶은 부추와 브로콜리와 파프리카를 즐겨 먹는 아이들, 생후 2~3개월부터 밤새 한 번도 깨지 않고 잘 자는 아이들"이 존재하는 곳이 프랑스였던 것이다. 이는 가는 곳마다 아이와 전쟁을 치르고, 아이를 키우느라 자기 관리는 엄두도 내지 못하는 미국 엄마들은 상상도 할 수 없는 풍경이었다. 도대체 왜 이런 차이가 존재하는 걸까? 저자는 책을 통해 이 질문에 대한 해답을 제공한다.

예상하다시피, 그 차이는 겉으로 뚜렷이 드러나는 그런 원인으로부터 발생한 것이 아니다. 눈에 띄지 않게, 하지만 분명하게 존재하는 다름. 그 다름이 프랑스 엄마들에게는 있었다. 한마디로 아이를 나와 같은 존재로 인식, 한 명의 사회 구성원을 길러낸다는 생각으로 대한다는 것이다. 그런 생각을 가지면 아이를 가르치거나 훈계하는 것이 아니라, 친절하게 설명하는 자세가 나온다. 그런 생각을 가지면 좋은 것을 먹이고 좋은 것을 입히는 것에 몰두하는 것이 아니라, 어떤 문화를 전달하고 계승하게 할지 선택하고 결정하는 데 몰두하게 된다. 그런 생각을 가지면 아이를 위해 엄마 자신을 희생해야 한다고 생각하는 것이 아니라 더 훌륭하고 더 성숙한 인간이 되기 위해 노력해야 한다는 생각을 가지게 된다. 즉, 아이를 낳고 키우는 과정이 아이와 엄마 모두에게 내적 외적 성장과 성숙의 기회가 된다는 것이다.

물론 이러한 프랑스 엄마들의 양육 태도는 그냥 나온 것이 아니다. 프랑스의 잘 갖춰진 양육지원시스템에 바탕을 두고 있다. 특히 저자는 "크레쉬(구유)"라고 불리는 프랑스의 탁아소에 대해 소개한다. 프랑스에서는 3세 미만의 유아 중 1/3이 크레쉬라는 탁아소에 다니는데, 여기 들어가기 위해서는 꽤 심한 경쟁을 거쳐야 한다고 말이다. 지원자가 많다는 것이다. 이유는 크레쉬 교사들의 수준 때문이다. 크레쉬 교사가 되기 위해서는 육아 전문가로 인정받거나 관련 학위를 소지하고 있어야 한단다. 왜냐하면 유아기는 아이들의 인격과 사회 구성원으로서의 기본 소양이 갖춰지는 중요한 기간인 만큼, 전문가가 아이의 민감성에 맞춰 아이들 각자가 세계를 잘 경험하도록 안내해주어야 하기 때문이란다. 그저 엄마 아빠 일하러 간 사이 아이들을 대신 맡아 먹이고 재우는 시설이 아니라는 뜻이다.

이 대목을 읽으며, 나는 아이는 반드시 부모가 키워야 한다, 혹은 부모가 키우는 것이 가장 좋다는 생각을 재고해보게 되었다. 아이는 아이를 잘 이해하고 안내할 수 있는 사람이 키워야 하는 것 아닐까? 부모라고 해서 모두 아이를 잘 이해하고 이 세계를 잘 안내할 수 있는 것은 아니지 않을까? 하고 말이다. 이러한 이유로 프랑스 아이들은 어려서부터 차분하고 담담하게 자신이 속한 세계에 적응해간다. 울고불고하는 전쟁터가 아니라 말이다.

이 책을 읽으며 내가 깨달은 또 하나의 사실은, 책 전체에 있는 '미국'이라는 국가명을 '한국'으로 바꿔도 전혀 이상하지 않다는 사실이었다. 오호라, 우리나라는 미국식 육아 문화를 가지고 있는 것이로구나! 아이들을 낳고 기르는 문제와 관련된 어려움과 혼란이 사회마다 문화마다 다르다는 것은 알고 있었지만, 우리가 미국문화의 영향을 크게 받고 있다는 생각까지는 하고 있지 못했던 내게 그것은 신박한 깨우침이었다. 그리고 그 깨우침은 또 다른 깨우침을 동반했다. 바로 어떤 방식으로 아이를 키울 것이냐는 선택의 문제라는 것.

나는 프랑스 엄마들처럼 아이들을 키우고 싶었다. 그들처럼 샹송을 부르고 맛있는 요리를 즐기는 미식가가 되는 것이 아니라, 그들처럼 아이들을 바라보고 대하고 아이들이 세상을 차분히 이해할 수 있도록 돕는 엄마가 되고 싶었다는 뜻이다.

진정 아이들을 사랑하는 방법에 대해 알고 싶다면
- 야누쉬 코르착, 『어떻게 아이들을 사랑해야 하는가』

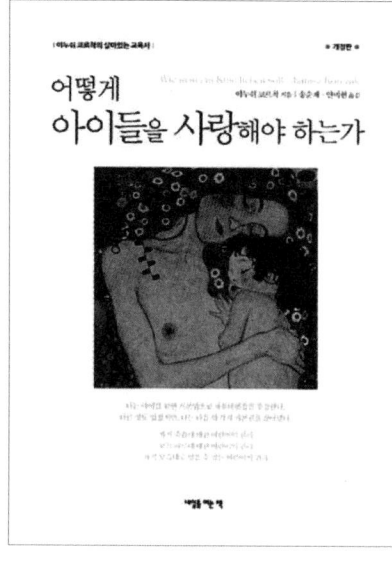

- **저자** 야누쉬 코르착
- **번역** 송순재, 안미
- **출판** 내일을 여는 책
- **발행** 2011. 05. 16.

다음은 2차 세계대전 당시 유대인 고아들과 함께 아우슈비츠 가스실에 실려 가 죽음을 맞이했던 폴란드의 소아과 의사이자 교육자인 야누쉬 코르착Jannusz Korczak의 『어떻게 아이들을 사랑해야 하는가』와 『야누스 코르착의 아이들』이다.

생각해보면 내가 아이들을 어떻게 키워야 하는지에 대해 근본적인 질문을 던지게 된 계기는 단 하나의 사건, 내가 Y에게 책을 집어 던진 바로 그 사건으로부터 모든 것이 시작되었다. 즉, Y에 대한 나의 폭력이, 다른 말로 하면 '내가 폭력을 행사했다는 것을 인지한 것'이 모든 것의 시작이었다. 그랬다. 그 순간 나는 인지했다. 내가 한 행동은 폭력이라는 것을. 사랑이라는 이름의 폭력도 아니고, 그냥 폭력. 강한 자가 약한 자에게 행하는, 세상에 흔하디흔한 바로 그러한 종류의 폭력.

그것이 Y에게 준 상처와 충격도 컸지만, 그것이 내게 준 충격 또한 엄청났다. 내게 그런 폭력성이 내재해 있다니!! 또한 그것을 세상에서 가장 사랑하는 우리 아이에게 표출하다니! 어떻게 그럴 수가!!

하지만 곰곰이 생각해 보니 그것은 당연한 것이었다. 생각해보라. 이 세상 어느 누구한테 내가 그렇게 나의 폭력성을 드러낸단 말인가. 이 세상 어느 누구한테 내가 그렇게 함부로 할 수 있단 말인가. 그럴 수 없다. 왜냐하면, 다른 사람들과의 관계는 공적인 영역임과 동시에 힘의 역학관계에서 내가 강자가 아니기 때문에. 비등비등하거나 때로는 내가 약자인 경우도 상당수 있기 때문에. 하지만 아이들과의 관계는 다르다. 은밀한 사적 관계이면서, 동시에 힘의 균형도 완전히 깨져 있는. 아이들에게 있어 나는 절대적 강자였고, 아이들은 절대적 약자였다. 게다가 아이들은 철저하게 나에게 의존할 수밖에 없는 상태. 자신의 생존 자체를, 자신의 존재 자체를. 그 순간 나의 폭력이 슬그머니 고개를 쳐든 것이다. 음습한 곳에서 곰팡이가 피어나는 것처럼.

그날 나의 폭력은 바로 이러한 맥락에서 발현된 것이며, 그 칼끝에 우리 아이들이 서 있음을 발견하고는 소스라치게 놀랐다. 너무나 사랑한다는 둥, 눈에 넣어도 아프지 않을 거라는 둥 하는 사랑 타령에 내가 빠져있는 동안, 우리 아이들은 나의 칼끝에 서 있었던 것이다! 정말 참담한 일이 아닐 수 없었다. 언제든 휘두를 수 있는 칼끝에 서 있는 아이들의 심정이라니!

그 순간 나는 그때까지 내가 놓치고 있었던 하나의 지점을 발견했다. 그건 바로, 내가 신경 써야 하는 것은 아이들을 어떻게 사랑할 것이냐의 문제뿐 아니라, 나의 폭력으로부터 아이들을 어떻게 보호할 것이냐의 문제도 있다는 사실을.

이후 나의 아이들에 대한 사랑은 항상 폭력과의 긴장 관계 속에서 발전해 온 것 같다. 사랑하지만, 폭력적이어서는 안 된다. 어쩌면, 내가 그토록 아이들에게 아이들의 인생을 돌려주고자 하는 이유도, 아이들에게 스스로 성장할 기회를 주고자 한 이유도, 바로 여기에서 시작되는지도 몰랐다. 혹시 이 또한 폭력이 아닐까 하는 고민 끝에서.

그리고 실제 사유를 거듭할수록 폭력의 범위는 점점 넓어져, 이제는 책을 집어 던지는 행위뿐 아니라, 도와준다는 미명하에 나의 기준을 은근슬쩍 밀어넣는 행위, 엄마의 마음이라는 이유로 아이들을 걱정스럽고 불안한 존재로 보는 시선까지 내 기준에서는 폭력이다. 나는 아이들을 그런 눈으로 쳐다볼 하등의 권리가 없고, 아이들은 나로부터 그런 시선을 받을 하등의 이유도 없다. 내가 누군가에게 걱정스러운 존재이고 싶지 않다면, 그건 아이들도 마찬가지일 테니. 나는 지난 15년 동안 이렇게 나의 마음을 들여다보고 정리하며, 우리 사이에서 폭력적인 요소가 가능한 한 많이 없어지기를, 우리 사이에 폭력이 발붙일 곳이 영원히 없어지기를 기원하며 노력해 왔다. 지난 15년간 내가 해 온 일은 바로 이러한 종류의 일들이었다.

이 책은 이러한 사유 끝에 만난 책이었다. 이 책들은 아이들을 사랑한다는 것이 과연 무엇인가에 대해 참으로 깊이 생각해 보게 하였다.

우리가 일상에서 작은 희생 하나를 가지고도 마치 엄청난 희생이나 치르는 듯 생색을 내며 엄마 노릇 하기 힘들다고 할 때 코르착은 세상의 폭력으로부터 아이들을 지키기 위해 목숨을 바쳤다.

그리고 남긴 그의 명언.

"어린이는 비로소 인간이 되는 것이 아니라, 이미 하나의 인간이다."

내게 부끄러움과 감사함을 동시에 느끼게 하는 분이다.

이러한 코르착의 정신을 기리기 위해 1989년 UN에서는 아동권리협약이 제정되었다고 한다.

엄격하고 가혹한 교육이 어떻게 한 아이를 죽음으로 내모는지
- 헤르만 헤세, 『수레바퀴 아래서』

- **저자** 헤르만 헤세
- **번역** 박지희
- **출판** 코너스톤
- **발행** 2017. 01. 01.

한편, 가혹한 교육이 부서지기 쉬운 아이들의 영혼을 어떻게 파괴하는지, 그리하여 어떻게 총명하고 촉망받는 한 아이를 죽음으로 내모는지 그 과정을 매우 섬세하게 그려낸 소설이 있어 소개한다. 제목은 우리 모두가 다 알지만, 그 내용은 대부분의 사람이 모르는 헤르만 헤세의 『수레바퀴 아래서』다. 이 소설은 헤세의 자전적 소설이라 한다. 헤세 자신이 청소년기 주변으로부터의 지나친 기대와 압력, 그리고 가혹한 교육으로부터 고통받았던 기억을 그대로 소설로 옮긴 것이다. 그러니까 소설 속 주인공 한스 기벤라트가 바로 자기 자신이었던 셈. 다만, 다른 것이 있다면 소설 속 한스는 자살인지 사고인지 알 수 없는 죽음으로 생을 마감했고, 헤세 자신은 한스를 죽임으로써 죽지 않을 수 있었다는 것이다.

이 책을 이해하기 위해서는 이 책이 출간된 1900년대 초 독일의 상황을 알아야 한다. 당시 독일은 '영광스러운 빌헬름 제국 시대'라 불리는 시기로 기술 경제 그리고 학문이 급격하게 발전을 이룬 시대였다고 한다. 그러한 시대 분위기에 발맞춰 교육 또한 엄격히 자행됐는데, 그 정도는 당시의 교육에 붙여진 이름, 즉 '반교육학' 혹은 '검은 교육학'이라는 이름을 통해 단박에 알 수 있다. 책의 제목에 나오는 '수레바퀴'는 이런 엄격한 교육의 상징인데, 대한민국 교육을 '폭주하는 초고속 열차'에 비유하는 것과 같은 맥락이다.

"그래야지. 이제 마음에 드는군. 다만 너무 지치지 않도록 하게나. 안 그러면 수레바퀴에 깔리고 말 테니."

한스가 불량한 친구(소설 속에서 '불량하다'고 평가되는. 그러나 실은 '권위에 억눌리지 않고 자유로운')와 어울리다 성적이 떨어지자, 신학교 교장이 한스를 불러서 한 말이다.

소설은 매우 천천히, 매우 세심히 주변 사람들의 영향을 받는 한스를 묘사하는데, 그 묘사를 통해 아이들의 내면이 주변 어른들로 인해 어떻게 어그러지고 망가지는지 마치 눈에 보이는 듯하다. 모든 사람의 관심과 기대를 받던 아이의 영혼이 실은 불안과 우울, 수치와 절망으로 뒤범벅되어 있으리라고 누가 생각이나 할까. 그를 죽음으로 내몰 만큼.

"그는 자신이 비참하고 완전히 만신창이가 된 기분이었다. 영원히 쉬고 자면서 부끄러워해야 할 것 같았다. 머리도 아프고 눈도 아팠다. 일어날 힘도 걸어갈 힘도 전혀 없었다. (…) 수치와 치욕으로 얼룩진 아련한 기억과 온갖 생각이 홍수처럼 그를 덮쳤다. 한스는 크게 신음하고 흐느끼며 풀숲에 몸을 묻었다."

한스가 죽음에 이르기 직전의 상태다.

지금 대한민국에 한스가 몇 명이나 될까? 아마 대부분의 아이들이 또 한 명의 한스가 아닐까?

한스를 이렇게 만든 인물들은 별다른 사람들이 아니다. 그저 우리 주변에 있는 평범하지만, 다소 존경받는 측면이 있는, 소위 그 사회에서 나름 성공한 인물들이다. 학교의 교장 선생님이나 교회의 목사님 같은. 그분들은 조금의 악의도 없이, 아니 오히려 엄청난 호의로 한스를 대한다. 그들은 한스의 성공을 응원하고 자신이 할 수 있는 모든 방법으로 한스를 돕고자 하지만, 정작 그들이 한 일은 한스를 죽음으로 내몬 일. 그러나 소설은 끝끝내 그들이 이 사실을 깨우쳤다 말하지 않는다. 아마 영원히, 지금까지도 그들에게 한스의 죽음은 이해할 수 없는 사건일 것이다. 바로 우리 자신, 대한민국 어른처럼.

앞서 소개한 책 『대한민국 부모』처럼 '정신병적 부모들'만의 얘기가 아니다. 그저 평범한 우리들. 학업과 입시, 성공을 당연하게 생각하는 대한민국의 매우 평범한 일반인들의 얘기다. 그런 면에서 책은 가혹한 교육이 어떻게 한 아이를 죽음으로 내모는지에 대한 이야기이지만, 우리 입장에서는 '현재 대한민국의 평범한 어른들이 어떻게 아이들의 영혼을 망가뜨리는지'로 읽히는 그런 소설이다.

소설은 말한다. 인간은 영혼이 있는 존재라고. 그 영혼을 함부로 망가뜨려서는 안 된다고. 엘렌 케이가 그렇게 강조한 바로 그 얘기를 헤르만 헤세도 하고 있다.

" (…) 네 살, 다섯 살 정도의 어린이가 이미 자기 나름대로 성인들을 탐구하고 통찰한다는 것과, 놀랄 만한 정도의 명민함으로 자신의 가치들을 의식적으로 정립하고 모든 각각의 인상에 민감하게 반응한다는 사실을 교육자들은 거의 생각하지 못하고 있다! 인지할 수 없을 정도의 미약한 불신, 아주 작은 불친절, 작은 불공평, 순간적인 비웃음 등이 어린이의 민감한 영혼 안에 일생 동안 화상을 남길 수 있다. 반면에 기대하지 않은 호의, 고상한 환대, 정당한 분노 등은 어린이들의 영혼에 깊은 인상을 준다. (…) "

- 엘렌 케이, 『어린이의 세기』 중에서 -

대한민국 교육혁명, 당사자인 우리가 나서자!

– 김누리, 『경쟁 교육은 야만이다』

- **저자** 김누리
- **번역** 김누리
- **출판** 해냄출판사
- **발행** 2013. 03. 20.

마지막으로, 최근 한국 교육의 문제점을 가장 정확하게, 그리고 적나라하게 분석하여 많은 이들의 지지와 응원을 받고 있는 책이 있어 소개한다. 한국 사회에 절실히 필요했고, 그런 만큼 우리 모두가 간절히 기다려왔던 '바로 그 책', 김누리의 『경쟁 교육은 야만이다』이다.

　저자는 대한민국을 망친 것은 경쟁 교육이라고 딱 잘라 말한다. 여러 가지 문제가 있고, 경쟁 교육도 그중 하나라는 식이 아니다. 경쟁 교육이 우리 사회를 세계에서 가장 우울한 나라로 만들었으며, 불평등이 심한 나라로 만들었으며, 갈등이 심한 나라, 타인에 대한 관용이 가장 없는 나라, 심지어는 가장 빠른 속도로 지구상에서 소멸해가는 나라로 만들었다는 것이다. 그리고 무엇보다도 경쟁 교육이 우리나라를 '집단 이기주의에 매몰된 미성숙하고 무책임한' 쓰레기 엘리트들의 나라로 만들었으며, 쓰레기 엘리트들은 바로 이 경쟁 교육의 소산임을 명확히 이야기한다. 이 모든 게 경쟁 교육 때문이란다. 공부만 잘하면 모든 게 용서되는 교실에서 아이들을 12년씩이나 키워 내보낸 결과란다. 끔찍한 결과다. 이 정도면 차라리 교실이 없는 게 낫겠다는 생각이 든다. 교육을 하지 않는 게 낫겠다는 생각이 든다.

　그러면서 우리가 얼마나 '경쟁 이데올로기'에 사로잡혀 있는지 지적한다. 경쟁 이데올로기란, 경쟁은 자연스러운 것이며, 심지어는 좋은 것이라고 믿어 의심치 않는 우리 사회에 만연한 사고방식이다. 경쟁이 있어야 발전하고, 성장한다는 식 말이다. 모두 그 교실에서 만들어진 것이다. 그 교실에서 12년씩 인큐베이팅하여 우리들의 머릿속에, 가슴속에, 마음속에 심어놓은 것이다. 지금은 우리 아이들의 머릿속에, 가슴속에, 마음속에. 지금 대한민국의 교실은 과연 우리 아이들에게 안전한 곳일까? 묻지 않을 수 없다.

하여, 저자는 이러한 현실을 직시하고, 학생-교사-학부모가 교육혁명을 향해 모두 함께 손잡고 나서자고 제안한다. 국가에 맡겨놓지만 말고, 우리가 나서자고 말이다. 그 이유는 다음과 같다.

"교육혁명의 주체는 누가 되어야 할까요? 그것은 역사가 가르쳐주고 있습니다. 인류의 역사는 언제나 해방의 역사였고, 모든 해방은 자기해방이었습니다. 다시 말해 고통받는 자가 혁명의 주체가 되었던 것입니다. 흑인해방은 흑인이 주체였고, 여성해방은 여성이 주체였습니다. 타자가 대체할 수 없습니다. 그렇기에 교육해방의 주체에 대한 문제는 〈한국 교육에서 누가 가장 고통받는가?〉라는 물음으로 환치될 수 있습니다. 그게 누구일까요? 가장 깊은 고통을 받는 자는 당사자인 학생입니다. 그리고 학생과 〈고통 공동체〉를 구성하고 있는 학부모입니다. 그리고 무너진 교실에서 학생과 생활을 공유하는 교사들입니다."

정확히 내가 하고 싶은 말이다. 나는 그중에서도 학부모가 가장 먼저 나서자고 제안하는 것이다. 아이들에게 투사가 되라고 이야기하려니 가슴이 미어지기 때문이다. 교사는 우리의 아이들이거나, 우리와 같은 학부모이기 때문이다. 학부모는 학부모이기 이전에 부모이다. 부모란, 한 인간을 키우는 존엄한 일을 맡은 당사자이며, 따라서 그 맡겨진 엄중한 과제 만큼이나 힘도 있고 용기도 있어야 한다고 생각하기 때문이다. "여자는 약하지만, 어머니는 강하다."라는 말이 이 문제에 있어서는 "학부모는 약하지만, 부모는 강하다."라는 말로 치환될 수 있다고 나는 생각한다.

그러면서 저자는 지난 100년간 한국 교육을 지배해 온 '능력주의'를 '존엄주의'로 바꾸어야 한다고 강조한다. '성장'을 위한 교육에서 '성숙'을 위한 교육으로 전환되어야 한다고. 이를 위해서는 '경쟁'이 아닌, '연대'를 해야 한다고, 그래서 우리가 만나야 한다고 이야기한다.

"우리 국민 열 명 중 여덟 명이 경쟁 교육의 고통을 해소하기 위해 국가가 나서야 한다고 생각합니다. 이제 국가가, 아니 우리 모두가 함께 나서서 경쟁 교육을 끝내고, 학대받고 유린당하는 우리 아이들을 이 지극한 고통에서 구해내야 합니다. 불행한 아이가, 경쟁에 상처받은 아이가, 억압당한 아이가, 생각 없는 아이가 만들어갈 우리 사회의 미래가 두렵습니다. 아이들의 불행은 곧 사회의 예약된 불행입니다. 우리가 우리 아이들을 구하면, 그 아이들이 대한민국을 구할 것입니다."

- 들어가는 말 중에서 -

이런 저자의 존재는 지난 몇 년간 경쟁 교육으로 고통받는 대한민국의 아이들과 부모들에게 희망이요, 일어설 수 있는 힘이었다. 나 또한 김 교수님으로부터 많은 힘을 받아, 이 책을 집필할 용기를 얻은 게 아닌가 싶다. 그러면서, 우리는 이렇게 눈에 보이지는 않지만 튼튼한 동아줄로 묶여 있다는 생각을 하게 되었다. 누군가 잡아당기기 시작하면 곧 팽팽해진 동아줄을 누군가는 느끼는 것이다. 그리고 어느 순간 모두가 그 팽팽해진 동아줄에 기대어, 동아줄을 잡고 일어서는 것이다. 우리 자신을 구하기 위해. 우리 아이들을 구하기 위해. 우리 대한민국을 구하기 위해. 정말이지 감사한 일이 아닐 수 없다.

지금 이 순간, 경쟁 교육을 끝내고 우리 아이들을 고통으로부터 구해야겠다고 생각하는 분이라면, 반드시 읽어보기를 권한다. 나설 수 있는 힘을 얻을 것이다. 그 어느 책보다도.

이 외에도 내가 아이들을 키우면서 가졌던 문제의식과 질문들에 대해 생각을 정리하고 답을 찾을 수 있도록 도움을 준 책들은 너무나 많다. 볼프강 펠처의 『내 아이를 위한 부모의 작은 철학』, 하임 G. 기너트의 『부모와 아이 사이』, 수잔 스티펠만의 『흔들리지 않는 육아』, 마리아 몬테소리의 『흡수하는 마음』, 박재원, 최은식의 『부모와 학부모 사이』, 박재원, 구혜진의 『핀란드 부모혁명』, 엄기호의 『교사도 학교가 두렵다』, 버너데트 호이의 『누가 아이의 마음을 조율하는가』, 미하엘 엔데의 『모모』 등 헤아릴 수 없을 정도다. 당시 아마 시중에 나온 육아에 도움이 되는 책이란 책은 다 사서 읽었던 것 같다. 지금도 우리 집 1층 거실 한편에는 이 책들이 책장 하나를 가득 채우고 있다.

그런데 '아이들을 어떻게 키워야 하는가'라는 질문을 가지고 이처럼 책을 파고들었던 나에게 "무슨 애들을 책으로 키우냐.", "범생이는 어쩔 수 없다.", "애들은 몸으로 부대끼며 키우는 것이다."라고 이야기하셨던 분들이 많다. 맞는 말이다. 아이들은 직접 몸으로 부대끼며 키우는 것이지 머리로 키우는 것이 아니니 말이다. 다만, 내가 하고자 했던 일은 폭풍같이 몰아치는 대한민국 사회에서 중요한 것을 놓치지 않으려고 발버둥 친 것, 공부도 중요하지만 인간으로서 갖춰야 하는 다른 모든 것들도 두루 갖춘 사람으로 자랄 수 있도록 돕는 것, 그러함으로 아이 스스로도 행복하고 우리 자신도 행복한 그런 양육의 과정을 사는 것이 아니었을까 싶다. 이 모든 것을 하기에 나 혼자만의 힘으로는 부족했다. 그래서 책의 도움을 받은 것이다. 그런 측면에서 책은 선택이 아니라 필수였다. 이 책들이 있었기에 지난 20년간 나의 여정이 가능했다. 정말 감사한 일이다.

6장

세 아이 이야기

지금까지는 지난 20년간 내가 세 아이와 함께 어떤 고군분투의 길을 걸어왔는지에 대해 이야기했다. 폭풍처럼 몰아치는 초경쟁사회 대한민국에서 소중한 무언가를 잃지 않기 위해 무엇을 어떻게 해 왔는지에 대한 이야기였다. 이제는 이 과정을 통해 자라난 세 아이가 어떻게 살고 있는지에 대한 이야기를 좀 들려드리고자 한다. 아직 가야 할 길이 먼 젊은이들이지만, 현재 시점에서도 너무 잘 살고 있는 Y와 P, 그리고 J 이야기 말이다.

묵묵히 제 길을 가는 Y 이야기

Y는 현재 독일에 있다. 바이올린을 전공한다. 이제 막 석사 졸업을 했다.

Y가 처음 독일에 간 건 18살 때였다. 국내에서 다니던 고등학교를 자퇴하고 혼자 독야청청 독일행 비행기를 탔다. 다니던 학교를 자퇴할 당시 Y는 1학년이었는데, 어느 날 학교를 다녀온 Y가 말했다.

"엄마, 나 유학 갈까?"

평소 유학에 긍정적인 생각을 가지고 있던 나는 냉큼 "좋은 생각이

지!"라고 대답했다.

"근데 갑자기 유학은 왜?"
"갑자기는 아니고, 오랫동안 생각했는데, 이제 한국 학교는 다닐 만큼 다닌 것 같아."

좀 더 얘기를 들어보니 Y는 그동안 자신의 생각과 많이 다른 학교의 분위기, 선생님들의 태도, 그리고 친구들을 보며 고민이 많았던 것 같았다. Y 생각에 학교는 '창의적이고 글로벌한 예술 인재 육성을 목표'로 하는 곳이어야 하는데(학교 홈페이지에 올라와 있던 교육이념 내용이다.), 실제 학교는 입시학원에 더 가깝다는 생각이 들었기 때문이란다.

그도 그럴 것이 Y가 다녔던 학교의 신입생 오리엔테이션에서 학생주임 선생님의 첫 마디가 "지금부터 970일 남았습니다."였다. 수능까지 남아 있는 일수를 말씀하신 것이었다. 그다음에 "어머님들, 저희가 아이들 좀 때려도 되겠습니까?"라고도 하셨던 것으로 기억한다. 내 기억이 잘못되었길 바라지만 말이다. 다행히도 순순히 그래도 된다고 하시는 어머님들은 안 계셨던 것 같다. 교실에서는 더했다고 한다. Y의 전언에 따르면 심한 욕까지는 아니더라도 선생님들로부터 인격

모독에 가까운 발언들을 듣는 일은 일상이었단다. 더 높은 기량을 끌어내기 위한 교육적 조치였다고 해도, 내면에 자존감이 자리 잡아야 할 아이들에게 모욕감을 느끼게 하는 발언이라니.

그뿐만 아니다. Y는 친구들도 이해하기 힘들다고 말했다. 분명 자기 자신의 일인데 마치 남의 일인 양 생각하는 태도, 자기 인생인데도 자신이 고민하지 않고 엄마가 고민하는 것을 당연시하는 모습들, 행여 자기가 고민하는 아이들이 있어 함께 이야기를 나눠보면 엄마 또래의 사람들이나 할 법한 이야기들(대학을 가지 않으면 무시당한다, 좋은 대학을 가야 나중에 레슨해서 지금 들어간 돈을 다시 회수할 수 있다, 몇 배로 회수하려면 더 좋은 대학을 가야 한다 등)을 앵무새처럼 따라 하고 있어 무슨 얘기를 해야 할지 모르겠다는 생각이 들었다는 것이다. 그러다 보니 '한국에서 학교는 다닐 만큼 다닌 것'으로 결론이 난 것 같았다.

"학교를 그만둔 후에 오히려 더 안 좋은 상황이 될 수도 있어. 그런 상황이 발생할 수 있다는 걸 감안하고서도 그만둘 거야?"

어떤 일을 할 때 최악의 경우를 예상하고, 그럼에도 불구하고 YES라는 답이 나오면 결단을 내리는 나는, Y에게 위와 같은 질문을 던졌고 Y는 "YES"라고 답했다.

"Y는 잘할 거라고 생각해요. 한국보다 독일이 더 맞을 수 있을 거라는 생각도 들고요."

평소 Y에 대해 긍정적인 평가를 내려주시던 담임 선생님의 격려를 받으며, 우리는 교문을 나섰다. 그리고 나의 역할은 거기까지. 이후 독일로 떠날 준비를 하고, 실제 떠나고, 독일에서 입시 준비를 하고, 시험을 치러 독일 대학에 입학하기까지 일련의 모든 과정은 온전히 Y 혼자서 해냈다. 엄마 아빠가 유학을 다녀온 것도 아니고, 음악을 전공한 사람도 아니라, 실은 우리가 해 줄 수 있는 일은 별로 없었다. 다행히도 초등학교 5학년 때부터 Y를 지도해주신 선생님(K 선생님)께서 독일에 계신 지인분들과 연락하여 많은 도움을 주셨다. K 선생님이 안 계셨다면 매 순간, 모든 일들이 어려웠을 것이다.

이렇듯 지금까지 8년째 독일에 머물며 자신의 길을 묵묵히 가고 있는 Y를 보며 많은 분들이 "야무지고 똑똑하다.", "어쩜 저렇게 자기 할 일을 자기가 다 알아서 하고, 자기 갈 길을 자기가 잘 알아서 가나."라고들 하신다. 맞다. 매우 야무지고 똑똑하고 자기 스스로 자기 주도적인 삶을 살고 있는 Y다. 이런 Y에게 수학문제집을 집어 던졌으니. 하지만 그 일이 아니었다면 지금 Y가 오늘의 모습일지 그건 알 수가 없다. 지금까지도 해야 하는 일들에 얽매여 잘하지도 못하는 수학을 지긋지긋해하면서 풀고 있었을지도. 또한 홀연히 떠나 자기만의 길을 가겠노라는 결정을 내리는 그런 대인배가 되지 못했을 수도. 지금의 Y를 보면 그날의 그 '사달'이 아프면서도 다행이었다는 생각마저 든다.

Y에게는 K 선생님이 계셨다!

우리가 K 선생님을 처음 만난 건 Y가 초등학교 5학년 때였다. 당시 Y는 예중에 도전해보고 싶어 했고, 나는 그런 Y의 도전을 돕기 위해 함께해 주실 선생님을 찾고 있었다. 그런데 함께해 주실 선생님을 만나는 일이 생각보다 쉽지 않았다. 이유인즉슨, 준비가 너무 늦었다는 것이다. 악기로 예중을 가기 위해서는 더 어린 나이부터 시작했어야 했다는 것이다. Y가 바이올린을 시작한 건 초등학교 3학년, 그러니까 고작 3년 정도 배운 실력으로 예중을 간다는 것은 한국 입시 현실에서 불가능한 일이라는 것이었다.

"예중에 합격시켜달라는 것이 아니에요. 준비를 도와주십사 하는 것이지요. 일반 공부 같으면야 저라도 도울 수 있지만, 바이올린을 제가 도울 수는 없으니, 이렇게 부탁드리는 것입니다."

당시 나의 생각은 그랬다. 아이가 무언가를 도전해보겠다고 하는데, "넌 너무 늦어서 안 된대."라고 말할 수는 없는 노릇 아닌가? 왜냐하면 도전은 그 자체로 의미가 있는 것이고, 성공이나 실패는 차후의 문제라고 늘 말해오지 않았나? 인간은 도전할 줄 알아야 한다고, 도전하지 않는 사람에게 성취는 있을 수 없다고, 그리 말해오지 않았던가 말이다. 그런데 우리 사회는 도전을 해보기도 전에 "그 도전은 성공할 수 없습니다."라고 하니, 난감하기 짝이 없었다. 그러던 와중에 K 선생님을 만난 것이다.

"어머님이 그렇게 생각하신다면, 제가 한번 해 보겠습니다."

정말 귀인을 만난 것 같았다. 하늘에서 동아줄이 내려온 것도 같았다. 감사하다고, 정말 감사하다고 몇 번이고 인사를 드린 후, 레슨을 받기 시작했다. 그리고 1년 후, Y는 당당하게 원하던 학교에 입학했다.

"합격생 Y!"

Y는 자신을 부를 때 반드시 앞에 '합격생'이라는 수식어를 붙여 불러달라고 요청했다. 태어나서 Y가 그렇게 좋아하고 자신만만해하는 걸 본 적이 없었다. 그야말로 신이 나 있었다. 우리 가족은 그 요청에 부응해 한동안 "합격생 Y, 밥 먹어!", "합격생 Y, 슈퍼 좀 다녀와!" 하며 기쁨을 함께 만끽했다. 실제 Y는 도전을 준비하는 1년 동안 초등학교 6학년이라 하기엔 믿기지 않을 정도의 철저한 자기관리와 마인드 컨트롤로 하루하루 성실하게 살아가는 모습을 보여주었기에, 우리 모두 그 정도의 기쁨은 합당한 것이라 여겼다.

하지만 K 선생님이 안 계셨다면 불가능한 일이었다. 모든 사람들이 결과만 생각하고 안 된다고 말할 때, 과정을 중시하시며 해 보자고 말씀하신 K 선생님이 계셨기에 가능한 일이었다. 결과적으로 K 선생님은 Y에게 인생에 불가능이란 없다는 것을 직접 경험하게 해 주셨고, 도전은 언제나 가능한 것, 언제나 의미가 있는 것이라는 사실도 직접 경험하게 해 주신 것이다. 정말 감사한 일이다. 게다가 유학을 떠나는 그 길까지도 하나하나 함께해 주셨으니, 정말 감사한 인연이 아닐 수 없었다.

자존감 뿜뿜 P 이야기

39점짜리 시험지의 주인공인 P는 실은 매우 자유로운 영혼이었다. 하고 싶은 것과 하기 싫은 것 사이에 구분이 뚜렷하여, 하기 싫은 것을 함부로 시킬 수 없는 영혼. 자기 자신에 대해 관심이 많으며, 자신의 욕구에 충실한 것이 삶의 우선순위에 있는 사람. 그런데 이런 스타일의 사람이 한국 사회에서 살기는 쉽지가 않다. 한국에서는 하기 싫은 일도 묵묵히 해 내는 아이들이 유리하지 않은가. 하여 P의 경우 한국의 교육시스템에 매여 있어야 했던 고등학교까지는 다소 좀 힘든 시기를 보냈다. 지금에 와서 생각해보면 P의 장점이 부각되지 않는 시기였던 것 같다.

그런 P가 최근 아주 의기충천해졌다. 군대를 다녀와서다. P의 말에 따르면 군대에서 자존감이 높아졌단다. 무슨 일이 있었던 것일까?

우선, P의 뛰어난 운동신경이 군 생활에 굉장한 이점으로 작용했던 듯하다. P는 중학교 2학년 때까지 유소년 축구팀에서 선수로 뛰었고, 중학교 때는 3년 내내 관내 중등부 800미터 육상대회에서 우승을 차지한 기록도 가지고 있다. 육상선수가 아니었음에도, 다른 학교 육상부 친구들을 거뜬히 이긴 것이다. 그런 P이다 보니 군대에서는 인기 만점. 어떤 날은 하루 두세 경기를 뛰어야 할 정도로 많이 차출(!)되었다고.

그 외 다른 측면에서도 P는 인기가 많았다고 했다. 우선은 여러 가지 다양한 소재로 이야기를 하는 능력. 대한민국 공교육에서는 장점이 될 수 없었던 능력이 군대에 가서 장점으로 부각된 것이리라.

평소 음악과 미술, 책, 영화, 축구 등 다방면에 관심이 많았던 P는 어느 누구와 근무해도 뻘쭘해지지 않는, 한마디로 '대화하기 참 좋은 상대'로 정평이 났었다고 한다. P는 자신이 그렇게 사람들과 잘 어울리고 소통을 잘하는 사람인 줄 몰랐다며 스스로도 놀라워했다. 실제 P가 제대할 때쯤 돼서는 모두가 이별을 아쉬워했다고 했다. 자존감이 높아지고도 남을 일이다.

그러다 보니 P에게는 특별한 임무도 주어졌었다. 바로 군 생활을 힘들어하는 친구들의 멘토가 되어주는 것. 한두 시간 이야기를 들어주면서 함께 공감해주고 조언해주는 역할이었다고 하는데, 요즘같이 멘탈이 약한 아이들이 많은 상황에서 P에게 그런 역할이 주어졌다는 것은 꽤나 의미심장한 일이 아닌가 싶었다.

또 다른 측면은 의외로 학습능력에서 나왔다. 평소 내신이나 수능 등급이 본인 성에 안 차 내심 기가 죽어있던 P는 군대에서 자신의 학습능력이 아무 이상이 없으며 심지어는 탁월하다는 것을 알게 되었다고 했다. 부대에서 주어지는 각종 업무를 차질없이 처리함은 물론이고, 평소 알고 있던 역사 지식이나 외국어 능력 등이 꽤나 수준급이고 쓸모 있다는 것도 알게 되었다고 했다. 책을 꾸준히 옆에 두고 읽는 독서 습관도 한몫해, 다른 부대원들로부터 어떤 책을 읽어야 할지 추천을 부탁받는 일도 많았다고 했다.

이 외에도 사람들과 무난하게 잘 어울리는 성격, 그러다 보니 따르는 후임들이 많아지는 현상, 그러다 보니 확인하게 된 자신의 리더십. 이러한 경험들로 P는 군에서 자기 자신을 재발견한 듯했다. 한국의 입시교육이 죽여놓은 기를 군에서 살려 돌아온 셈이다. 감사한 일이다.

제대해 이제 민간인 신분이 된 P는 지금 그 어느 때보다도 열심히 살고 있다. 운동과 공부, 그리고 일을 병행하며 너무 지치거나 너무 늘어지지 않게 스스로를 단도리한다. 그러면서 종종 기특한 말도 하니, "이제야 비로소 엄마가 하던 말이 무슨 말인지 알았어!", "나는 내가 정말 잘 자랐다고 생각해. 우리 집의 양육방식이 옳았다고 생각해." 등등이다. 그중 최고는 "엄마, 나는 지금까지 우리 집에서 이루어진 모든 대화와 생각들이 단 하나도 틀린 것이 없다고 생각해. 그만큼 엄마가 깊이 생각하고 멀리 내다보면서 우리와 대화해 왔다는 거지. 그럴 수 있었다니, 정말 놀라워. 그리고 고마워!"

최근 P가 내게 한 말이다.

너무 행복한 J 이야기

J는 Y나 P와는 또 다른 캐릭터다. 그나마 우리 집에서는 한국 현실에 가장 잘 맞는 캐릭터. 그랬다. J는 어려서부터 욕심도 많고 승부욕도 남달랐다. 학원을 보내놓으면 숙제 한 번 거르는 적이 없었다. 즐겁게 놀라고 보낸 피아노학원에서도 울면서 자기 성에 찰 때까지 연습을 하는 아이였다.

"J야, 그렇게까지 하지 않아도 돼."

이렇게 말하면, "No!"라고 단호히 답했다. J는 자기 자신에 대한 기준이 명확한 것 같았다. 어린 아이였지만, 확실히 느낄 수 있었다. 우리는 이런 J의 특성을 있는 그대로 받아들였다.

 하지만 이렇게 승부욕이 강하고 파이팅이 있는 J에게도 한국의 대학입시는 정말 힘들고 어려운 관문이었던 것 같다. 게다가 J의 욕심은 공부에만 있는 것이 아닌, 다른 모든 분야로 뻗어 나가, 그야말로 전천후 원더우먼이 되길 바랐다. 친구면 친구, 놀이면 놀이, 운동이면 운동, 거기다 외모까지, 뭐 하나 뒤지는 것을 싫어했다. 한마디로 모든 것을 다 잘하고 싶어 했다. 덕분에 J는 다양한 친구들을 사귀었고, 다양한 경험들을 해 보았으며, 그래서 인생이 항상 스펙터클하고 다이내믹했지만, 그러다 보니 아무래도 입시에서 원하는 만큼 성적을 내는 것은 힘들어보였다. 그래서였는지 고3 때는 종종 울음을 터뜨리기도.

 게다가 직접 입시를 준비하면서 말로만 듣던 한국 대학의 서열화와 온갖 편견으로 둘러싸인 사람들의 시선도 처음 느꼈을 것이었다. 우리 집은 입시에 대한 이야기는 거의 하지 않는 편이었기에, J는 현실을 알게 될 때마다 상당히 놀라워했다. J가 대학생이 된 후, 한번은 이런 대화를 한 적이 있다.

 "엄마, 왜 사람들이 그렇게 수의대를 가고 싶어 해? 우리 과에서 나

빼고 다 반수나 재수를 해. 그래서 수의대를 가겠대."

J야, 그건 수의대를 가고 싶어 하는 게 아니란다. 의대를 가려고 했는데 성적이 안 되니 수의대를, 수의대를 가려고 했는데 성적이 또 안 되니 너희 과를 오게 된 거야. 나는 속으로 말했다.

그러거나 말거나, "엄마, 나는 우리 학교가 너무 좋아. 내가 내 힘으로 여기 들어왔다는 게 믿기지 않아. 너무 자랑스럽고 뿌듯해!"라며 곧잘 웃음을 터뜨리곤 하는 J는 그야말로 '성공적인 대학생'이 되었다. 단지 자기 전공과 학점을 챙기는 대학 생활이 아닌, 다양한 활동과 경험으로 가득 채우는 대학 생활을 해 나갔다. 사람 욕심도 엄청나 선배 언니와 오빠들이 폭발적으로 늘어갔다. 한번은 총학생회에서 주최하는 행사에 가야 한다고 해서 라이딩을 해 준 적이 있는데, 입구에 J가 도착할 때쯤 되니 총학생회 선배들이 나와 있었다. 그러면서 하는 말, "J는 총학생회를 통째로 움직이는 아이예요." J의 학교 생활이 한눈에 훤히 보이는 듯했다.

"휴~ 이제야 좀 사는 것 같네! 엄마, 나는 말야 요즘 내가 살아있다는 게 느껴져!"

요즘 J가 하는 말이다. 자신은 본래 이런 사람인데, 초등학교 6년, 중학교 3년, 고등학교 3년 총 12년을 꼼짝없이 답답한 교실에 묶여있었으니 얼마나 괴로웠겠냐면서, 정말 죽는 줄 알았다면서 말이다. 우리 사회에는 종종 입시가 끝인 듯 말하는 사람들이 있다. 나는 그렇게 생각하지 않는다. 왜냐하면 우리 아이들은 지금부터 시작이기 때문이다.

'그래. 그렇게 살렴. 네가 하고 싶은 대로. 한국이 아무리 초경쟁사회라고는 해도, 삶을 제 것으로 즐기는 사람은 아무도 이기지 못하는 법이란다!'

EPILOGUE
공부만 잘하는 괴물로
키울 수는 없습니다

2024년 12월 3일, 우리 역사에 길이 남을 참으로 '어처구니 없는 사건'을 경험했다. 그 사건을 통해 우리는 현재 우리나라 엘리트들의 민낯을 목격했다. 평소 깔끔한 정장과 그럴듯한 언사에 가려 잘 보이지 않았던 그들의 민낯. 한 치의 부끄러움도, 국가와 국민에 대한 일말의 책임감이나 죄의식도 없이 자신들의 안위만을 위해 이합집산하는 모습들. 참으로 한심하고 개탄스럽지 않을 수 없었다. 특히 이 사회에서 아이들을 낳아 키우고 있는 부모로서는 더더욱 참담함을 금할 수 없었다. 이런 사회에서 아이들을 어떻게 키워야 하나 하고.

아이를 키운다는 것은 본래 힘든 일이다. 그런데 대한민국처럼 초경쟁 학벌주의 서열사회에서는 그 힘듦이 두 배, 세 배가 된다. 사교육비 부담에 대한 얘기가 아니다. 지나친 학업 스트레스에 대한 이야기가 아니다. 그보다 더 근본적이고 더 중요한 문제. 우리 사회가 놓치고 있는 바로 그 문제. 아이를 키운다는 것은 근본적으로 사람이 사람을 키우는 일임이 자꾸 잊히기 때문이다. 한 우주가 다른 우주의 탄생을 돕는 일임이 자꾸 간과되기 때문이다. 마치 경주마들의 경기를 치르는 것처럼, 로봇이나 반려동물들을 키우는 것처럼 자꾸 격하되기 때문이다.

그 속에서 우리 부모들은 힘들어진다. 사랑하는 우리 아이들은 한 인간으로서 건강하게 자랄 권리가 있는데, 그 권리가 우리 사회에서는 지켜지지 않기 때문이다. 사랑하는 우리 아이들은 한 인간으로서 꿈을 꿀 권리가 있는데, 그 권리가 우리 사회에서는 지켜지지 않기 때문이다. 사랑하는 우리 아이들은 사랑하고 사랑받으며 진정 성공적인 삶을 살 권리가 있는데, 그 권리가 우리 사회에서는 지켜지지 않기 때문이다. 부모인 우리도 사랑하는 우리 아이들의 그 권리를 지켜주기에는 턱없이 연약하기 때문이다. 그 속에서 우리의 슬픔이 시작되는 것이고, 그 속에서 우리의 불행이 시작되는 것이다.

한국사회의 경쟁 교육은 엄마와 아이마저도 갈라놓는다. 너무나 사랑했는데, 그래서 눈에 넣어도 아프지 않을 것이라고 항상 이야기했는데, 어느 순간 엄마와 아이는 갈라서 있다. 서로를 비난하고 원망

한다. 서로에게 상처 주고 상처 입는다. 그래서 엄마는 엄마대로 울고, 아이는 아이대로 운다. 겉으로 울지 못하면 속으로 운다. 속병이 난 엄마와 아이들이 많은 이유다.

나도 그랬다. 이 책은 나의 그러한 경험에 대한 이야기다. 나에게 그것이 얼마나 아팠고, 나에게 그것이 얼마나 상처가 됐는지에 대한 이야기다. 모든 것을 다시 시작할 만큼. 원점에서부터 다시 시작할 만큼.

다행히도 나는 좋은 책들과 벗들을 만나 한국의 경쟁 교육이라는 초고속열차에서 무사히 하차했다. 그 덕에 우리 아이들은 몸과 마음의 건강을 잃지도 않았고, 꿈을 잃지도 않았고, 사랑하고 사랑받을 수 있는 능력도 잃지 않았다. 참으로 감사한 일이다. 하지만 지금 이 순간에도 대한민국에는 몸과 마음의 건강을 잃고 슬퍼하는 너무 많은 아이들이 있다. 지금 이 순간에도 꿈을 꿀 권리를 잃고 자신이 누군지, 무엇을 원하는지조차 알지 못하는 너무나 많은 아이들이 있다. 지금 이 순간에도 사랑하고 사랑받을 능력을 잃은 채 홀로 외로이 자신만의 섬에 갇힌 무수한 청년들이 있다. 가슴이 미어질 일이다. 그나마 경쟁 교육에서 살아남아 승자가 된 아이들이라고 해도 상황은 마찬가지다. 과연 우리는 사랑하는 우리 아이들을 어떤 사람으로 키우고 싶은 것인가? 공부만 잘하는 괴물로 키우고 싶은 것인가. 그럴 수는 없다.

최근 〈오징어 게임 시즌 3〉가 개봉했다. 시즌 3에서 가장 인상적인 대사는 마지막 순간 주인공인 기훈의 "사람은…"이 아닌가 싶다.

"우리는 말이 아니야. 사람이야. 사람은…."

끝을 열어둔 이 대화에서 우리는 그 뒤에 어떤 말을 이을 수 있을까? 이에 대해 각본을 쓴 황동혁 감독은 다음과 같이 말한다.

"(사람이라는) 그게 어떤 한마디로 정리될 수 있는 것이 아니라는 생각이 들었어요. 사람은 그렇게 단정적으로 규정하기도 너무 힘든 존재고 어떤 그런 당위적이고 교훈적인 메시지를 던지는 게 어떻게 보면 더 한정적으로 이 메시지 자체를 가두는 느낌도 생길 것 같고… 나머지 말은 기훈의 그다음 행동 자체로, 아이를 위해서, 아이를 살리기 위해서 자신을 희생하는 그 행동 자체로 그 뒷말을 몸으로 기훈은 표현을 했다고 생각했어요…."

맞는 말이다. 사람을 누가 감히 규정할 수 있단 말인가. 열 길 물속은 알아도 한 길 사람 속은 모른다는 옛 속담이 살면 살수록 무서우리

만치 맞는 이 상황에서 그 뒤에 누가 감히 말을 이어 붙일 수 있단 말인가. 그럼에도 불구하고, 그렇기 때문에 나머지는 컨트롤할 수 없다. 우리가 컨트롤할 수 있는 것은 눈에 보이는 것, 손에 잡히는 것뿐. 따라서 커리어나 스팩을 챙기는 것이 답이라는 쪽으로 사유가 흘러서는 안 된다고 생각한다. 그렇기 때문에, 우리는 뒷말을 열어놓아야 하고, 그 불확정성을 염두에 두어야 하고, 그 불확실성을 감내해야 하는 것 아니겠나. 그 속에서 우리는 아이들을 대할 때 조심할 수 있고, 겸허할 수 있고, 천천히 세심히 갈 수 있게 되는 것 아니겠나 생각해 본다.

감독은 또, 시즌 1의 가장 중요한 장면으로 새벽이(정호연 배우)가 마지막에 기훈에게 말하는 장면을 꼽는다.

"아저씨 그러지 마. 아저씨 그런 사람 아니잖아…."

그러면서, 인호(이병헌 배우)와 기훈(이정재 배우)의 결정적 차이로 기훈은 새벽과 같은 존재를 만났고, 인호는 만나지 못했다는 점을 꼽는다. 이를 감독은 이렇게 설명한다.

"새벽이가 기훈에게 해 줬던 '너는 그런 사람이 아니다.'라는 어떤 그 사람을 보듬고 그 사람 안에 있는 가치와 선함, 그 사람을 존중해

주는 그런 한마디를 해 줄 수 있는 그런 사람을 주변에 많이 만드셨으면 좋겠어요… 그게 우리가 이 힘든 세상을 조금 더 길을 잃지 않고, 자신을 잃지 않고 잘 걸어갈 수 있는… 이 게임을 잘 슬기롭게 탈출할 수 있는 그런 아주 가장 중요한 그런 풀뿌리 같은 소중한 존재들이 아닌가 싶어요. 주변에 그런 좋은 사람들을 많이 만드시고, 좋은 사람들이 되어주셨으면 하는 그런 생각이 듭니다…"

그렇다. 그 둘의 결정적 차이는 인간으로서의 그 둘의 차이가 아닌, 인연의 차이라는 것 말이다. 사람은 모두 다르다. 그러면서도 대동소이하다. 누군들 절대적으로 선하고, 누군들 절대적으로 악하랴. 다들 조금의 선함과 조금의 악함, 그리고 아주 많은 애매함과 불완전함을 가지고 살아가는 것일 텐데, 그 속에서 선하고 바른 본성이 힘을 발휘하기 위해서는 '혼자가 아니어야 한다'는 것이다. 좋은 사람들이 서로 지지해주며 선하고 바른 본성을 지킬 수 있도록 힘이 되어주어야 한다는 것이다. 내게는 그 힘이 우숨터였다.

나는 지난 10년간 많은 엄마 아빠들과 함께 책을 읽는 모임을 해 왔다. 이름은 '우숨터', '우리들의 숨 쉬는 터전'의 줄임말이다. 우숨터는 초초고속으로 달리는 초경쟁사회 대한민국에서 지칠 대로 지친 우리 엄마들을 위해 잠시나마 멈춰 숨을 좀 쉬고 가자는 의미에서 지은 이름이다. 그리고 기왕 멈춘 김에 책 좀 읽자고 제안했다. 책 좀 읽으면서 곰곰이 생각해 보자고 제안했다. 우리 이대로 괜찮은가? 하고.

이후 우숨터는 약 200여 명의 엄마들이 함께 책을 읽고 자기 자신을 돌아보는 모임으로 자리 잡았다. 우숨터는 매일 아침 모여 책을 읽으며 우리 사회를 돌아보고 해결방안을 모색하는 모임으로 자리 잡았다. 그러면서도 가장 근본적으로는 엄마가 바로 서야 아이들이 바로 선다는 원칙을 잃지 않았다. 그러기 위해 우리는 더더욱 열심히 책을 읽으며 우리 자신을 돌아보았다.

앞서 소개한 책들은 우숨터에서 함께 읽었던 책들이다. 밑줄을 긋고 또 그어가며 읽었던 책들이다. 사실 우숨터에는 책을 읽을 때 몇 가지 규칙이 있었다. 첫 번째 규칙은 밑줄을 그어 오는 것이었다. 여기서 밑줄을 긋는다는 것은 중요하거나 메모해두기 위함이 아닌, 나의 생각에 균열을 일으켰다는 표시였다. '아, 내가 그랬구나! 내가 그랬던 것이구나.' 하고 생각하게 되는 부분에 밑줄을 그어 오는 것이었다. 우숨터가 자기성찰적 책 읽기 모임이었던 이유다. 우리는 어떤 책이 되었든 자기 자신을 돌아보는 매개체로 여겼다. 하여 모임은 각자 밑줄 그어 온 부분을 읽고, 왜 이 부분에 밑줄을 그었는지 이야기를 나누는 방식으로 진행되었다.

두 번째 규칙은 다른 사람의 이야기를 듣고 무언가 내 이야기를 덧붙이고 싶을 때 예의를 지키자는 것이었다. 통상 우리는 다른 사람의 말에 이런 방식으로 끼어들곤 한다. "아니 그게 아니라~", "그럴 수도 있지. 하지만~"과 같은 방식 말이다. 효과적으로 끼어드는 방식일 수는 있으나 예의는 없다. 다른 사람의 말을 충분히 수용하지 않고 반론을 제기한다는 측면에서 그렇다. 하지만 우숨터는 자기성찰적 모임이 아닌가. 우리는 다른 사람의 내밀한 이야기를 듣고 그리 무례하게 행동하지 말자고 합의했다. 하여 도입된 방침이 "아, 그랬군요." 방침. 다른 사람의 말끝에 자기 말을 덧붙일 때는 항상 "아, 그랬군요,"라는 말을 먼저 한 후, 내 말을 하는 것이었다. 별거 아닌 것 같지만, 이 방침은 꽤나 효과적이었다. "아, 그랬군요."라고 하는 순간 놀랍게도 우리 마음속에는 진짜 수용하는 마음이 생긴다. 반박을 하려고 말을 시작했더라도, 그다지 반박을 세게 하지 않게 된다. 말이 생각을 지배하는 것이었다. '잘했어'를 '축하해'로 바꾸었을 때처럼.

이 두 가지 원칙만으로도 우숨터는 매우 성숙한 모임으로 유지될 수 있었다. 수많은 사람이 책을 읽기 위해 오갔지만, 한 번도 갈등이 생기거나 불미스러운 일이 생기지 않았다. 두 명만 모여도 의견 차로 금세 의가 상하고 관계가 틀어지는 오늘날의 세태와 비교해 볼 때 대단한 일 아닌가. 그야말로 자기성찰적 모임다웠다.

우숨터식 책 읽기를 통해 많은 부모들이 아이들의 든든한 동반자이자 버팀목으로 변화되어 갔다. 초고속 경쟁사회에서 어떻게 하면 아이들을 이기게 할까 고민하던 엄마 아빠들이 경쟁 교육의 폐해로부터 어떻게 하면 아이들을 지켜낼 수 있을까를 고민하는 든든한 버팀목으로 거듭났다. 참으로 가슴 벅찬 일이었다. 지금 생각해 보면, 우리의 부실한 측면을 책으로 보충해온 것이 아닌가 싶다. 불안과 욕망 사이에서 헤매는 우리를 책이 버티게 해 준 것 같다. 책이 우리의 옳고 바른 본성을 강화할 수 있도록 든든한 버팀목이 되어준 것 같다. 그런 의미에서 우리에게는 책이 '새벽이'였다.

한편, 우숨터를 통해 아이들 한 명이 한 명이 온전한 우주로 탄생해가는 모습을 지켜보는 것 또한 가슴 벅찼다. 그런데 이 대목에서 고백할 것이 한 가지 있다. 실은 우숨터로 가장 큰 혜택을 입은 사람은 바로 나라는 것. 나와 나의 세 아이들이라는 것이다. 당연한 결과였다. 다른 사람들은 한 번 읽고 지나갈 책을 나는 수십 번 읽고 또 읽으며 곱씹어야 했기 때문이다. 그 곱씹은 끝에 나오는 단물이 모두 우리 아이들에게 갔기 때문이다. 그 결과 나는 누구보다도 흔들림 없이 이 길을 걸어올 수 있었다. 그 결과 나와 내 아이는 초경쟁사회 대한민국에서 진정 건강한 엄마와 아이들로 살아남을 수 있었다. 참으로 감사한 일이다.

물론 우슴터식 책 읽기가 작금의 우리 문제를 해결해 줄 것이라 이야기하는 것은 아니다. 우슴터식 책 읽기가 모든 문제의 해결책이라고 이야기하는 것도 아니다. 그럴 리가 있겠는가. 다만, 어떻게든 만나야 한다는 말을 하고 싶을 뿐이다. 초경쟁사회 대한민국에서 힘들어하고 있는 사람이 비단 나 혼자가 아니라는 것을 알아야 한다고 말하고 싶은 것뿐이다. 울고 있는 사람이 나 하나만이 아니라는 것을 알아야 한다고 말하고 싶은 것이다.

사회학자 지그문트 바우만은 "사적인 문제들에 대해 사회적인 해결책을 기대하기보다, 오히려 사회적으로 발생한 문제들에 대해 사적인 해결책을 추구"하는 사회가 되었다고 이야기한다지만, 그리하여 우리 모두 외로워졌다고 이야기하지만, 이에 대해 나는 의견이 다르다. 우리가 흩어져 있으면 사적인 해결책에 불과하지만, 우리가 한데 모이면 더 이상 '사적'이 아니기 때문이다. 공적인 해결책으로 전환될 수 있기 때문이다. 그저 앉아서 외로움을 받아들이지 않을 수 있기 때문이다.

이 책은 그런 의미에서 내미는 나의 손이다. 손을 맞잡자. 서로가 서로에게 새벽이가 되자. 그래서 구하자. 한스를, 민희를, 민선이를, 재혁이를, 그리고 세환이를.

부록

우숨터 이야기

어려운 시절을 함께한 사람들에게는 특별히 끈끈한 정이 생긴다고 들 한다. 이러한 끈끈한 정을 나누고 있는 이들을 일컬어 일명 '~동기' 라 부른다. 남성들에게는 '군대 동기'가 그러하겠고, 여성들에게는 '육아 동기(?)'가 그러하지 않을지. 겪어보지 않은 사람은 절대로 알 수 없는 육아의 세계, 미루어 짐작하는 것으로는 실체에 도달할 수 없는 육아의 세계를 함께한 동기들 말이다.

육아란, 단지 아이를 먹이고 재우는 문제가 아니다. 사람이 사람을 키우는 일이기에, 일거수일투족, 매시간 매분 매초가 어렵다. 건강과 안전만이 중요한 영유아 시절이 오히려 쉬울 지경. 아이가 자랄수록 부모가 맞닥뜨리는 질문은 많아진다. 이건 또 뭐지? 이럴 땐 어떻게 해야 하나? 육아란, 사람이 사람을 키운다는 대단히 어렵고 중요한 일임에도 불구하고, 사전에 연습을 할 수도, 누가 대신해줄 수도 없는 일이기에, 실은 그 과정이 눈물겹도록 힘들다. 맨땅에 헤딩해가며 하루하루 헤쳐나가야 하는 일.

"다름이 아니라, 부탁이 있어 연락드렸어요. 실은 제가 지금 책을 한 권 쓰고 있어요. 우리 아이들을 키우며 우리가 했던 생각들, 고민들, 그리고 나름 찾았던 방법들에 대한 책이요. 한마디로 우슴터에 관한 책이요. 그런데 저 혼자 쓰는 것은 부족함이 너무 많을 것 같아요.

선생님들께서 함께 글을 좀 써주셨으면 하는데, 함께해 주실 수 있으실까요?"

갑작스러운 나의 부탁에 어머나 하며 화들짝 놀라시지만, 금세

"그럼요! 당연하지요!!"

어려운 시절(!)을 함께해서인지, 우숨터 분들과의 유대와 신뢰는 유난히 두텁다. 통상 시간이 지나면 좀 소원해지고 관계가 서먹해지기 마련인데, 우숨터 분들과의 관계는 언제나 그대로. 한국과 미국, 캐나다, 그리고 독일로 지구 곳곳에 흩어져 있는 상황이지만, 우리 사이에 국경과 시차는 무의미한 듯하다. 취침 중 울리는 톡메시지도 그저 반갑기만 한 우리! 이런 우리는 '우숨터인'들이다.

현정 씨 이야기

아이를 키우는 일, 살면서 이런 무력함을 경험해 보았던가. 하면 할수록 모르겠고, 배우면 배울수록 헷갈리고, 알면 알수록 확신이 흐려지는 일이라니.

아이가 초등학교에 입학하고, 따돌림을 당한다는 선생님의 전화를 받았다. 분노인지, 슬픔인지, 창피함인지 마구 섞인 내 감정에 휩싸여서 아이의 감정을 보지 못했다. 곧이어 방과 후 공부방 선생님이 ADHD 검사를 받아보는 게 어떤지 제안하셨다. 이번에도 당황스럽고, 실망스러운 내 감정에 휩싸여서 정작 아이에게 필요한 것이 무엇인지 잘 보이지 않았다. 정신없이 날아드는 잽과 훅에 헤롱헤롱, 당황과 황당에 등줄기에 식은땀은 마를 날이 없는데, 학창시절 꽤 괜찮다던 내 유머 감각과 여유는 어찌된 일인지 사막처럼 말라버렸다.

내가 아이 상담 때마다 받아드는 예상치 못한 피드백에 한겨울에도 식은땀을 닦아내는 모습을 보다 못한 방과 후 공부방 선생님이 부모 교육 집단 심리 상담을 추천해주셨다. 무지개색의 부모들이 무지개색의 자녀들을 키우며 생기는 무지개색 고민들을 매주 만났다. 매주 손수건을 지참했다. 어느 날은 내가 울고, 어느 날은 옆 사람이 울고, 어느 날은 단체로 울었다. 아이 때문이 아니라, 아이를 통해 반사되어 비치는 안쓰럽고, 밉고 때로는 낯설기까지 한 우리 스스로의 모습 때문이었다. 공부를 잘하는 방법보다 공부하지 않는 아이를 바라보는 나의 불안을 알아채는 것, 친구를 많이 사귀는 방법보다 친구가 없는 것이 두려웠던 나를 만나는 시간이었다.

우숨터를 알게 된 것은 그 3년간의 과정을 마무리하고 좀 지쳐 있을 때였다. 지금의 나를 조각한 과거를 추적하고, 원인을 찾고 나를 알아가는 것은 좋은 시간이었지만, 인정하고 싶지 않은 지질한 나를 만나는, 진이 빠지는 작업이기도 했기 때문이다.

우리들의 숨 쉬는 터전, 우숨터.

어느 학원이 잘 가르치는지, 어딜 가서 레벨테스트를 받아야 하는지, 선행은 얼마나 해야 하는지 등등의 얘기는 1도 없는 엄마들이 만났다. 그곳에서 『어린이의 세기』라는 작고 얇은 책을 함께 읽었다. 작고 얇은 책이 마음에 쏙 들었다. 책 표지를 앞뒤로 문질문질 해가며 읽기 시작했다. 하지만 책 내용은 결코 가볍거나 작지 않았다. 함께 줄을 긋고, 접어 두고, 나누고 낭독했던 기억이 지금도 새록새록 난다. 나누는 문장마다 문단마다, 사연이 스며들어있기 때문이다.

"현재 부모들이 들이는 수고 가운데 100분의 1 정도만 어린이의 삶을 간섭하는 데에 사용해야 하고, 나머지 100분의 99는 어린이의 삶을 인도하기 위한 것과 눈에 보이지 않는 것을 예견하기 위한 것에 사용되어야 한다."

100분의 99의 수고를 어디에 써야 하는지 확신이 설 때까지 차라리 아무것도 하지 않는 것이 낫겠다 입을 모았지만, 생각보다 아무것도 하지 않는 것은 너무 어려웠다.

"한마디로 말해서 '가끔은 이렇게 가끔은 저렇게 행동하는' 엄마는 항상 타오르는 불과 같은 효과적인 교육방법을 가지고 있지 못한 것이다."

Ellen Key가 나를 몰래 보고 갔는가?

"진실해지기 위해서는 무엇보다 실망하지 않는 용기가 필요하다. 그리고 많은 불안한 어린 거짓말쟁이들이 필요로 하는 것은 체벌이 아니라 영양가 많은 음식과 야외의 맑은 공기 속에서의 생활이다."

기대 이하의 성적이 적힌 성적표를 들고, 아파트 1층에서 엘리베이터를 타지 못하고, 망설이다 결국 성적을 고치고 있는 아이를 발견했다. 이럴 때 필요한 것이, 아이의 진실을 말할 용기가 아니라 엄마의 '실망하지 않을 용기'라니. 뒤통수를 세게 맞았다.

"삶에서의 수고와 노력, 힘의 발달 등은 그 자체가 고유한 목적이며 보상이라는 사실을 배우게 되기 전까지 인간의 삶은 아름답지 않을 것이다."

목적지에 도달해야만 의미가 있는 게 아니라, 출발부터 이미 아름다운 삶이라는 이 말은 나에게도 큰 위로가 되는 말이었다.

"'뛰어난' 어머니는 자신이 자녀들을 위해 잘 숙고해서 세운 계획들이 실패할 수 있다는 사실에 대해서 대부분 놀란다. 그 어머니는 자녀들 안에서 자신의 창조의 기쁨을 위한 재료를 보고자 하고 자신이 형성하고자 하는 점토를 보고자 하기 때문이다. (…) 어머니의 '단념'만이 참됨과 선함으로써 어린 존재를 보호하는 과제를 수행할 수 있으며 (…)"

포기는 배추 셀 때만 사용하는 것인 줄 알았는데, 다른 사람도 아닌 자녀를 '단념'하라고 한다. 그리하여 나는 이후 지금까지 쭉 단념 중이다. 이렇게 꼭꼭 씹어 읽은 한 권의 책은 이어지는 책에서도 고리를 찾아 연결되고 연결되었다. 아이들을 어떻게 하면 가만히 둘까를 고심하던 우리들의 시간들, 그렇게 더해진 시간들이 훌쩍 지나 아이가 스무 살이 되었다.

지금에 와서 생각해 보니 2003년 12월 19일, 아이가 태어나면서 시작된 성장프로젝트의 주어는 아이가 아니라 나였다. '세속적으로 하찮은 일과, 일시적으로 중요한 일들'에 둘러싸여 살아온 엄마가 더 큰 그릇을 아이에게 제공하는 것은 불가능한 일이다. 내 그릇을 늘려야 한다. 그리고 거기에 집중했다. 그러는 사이, 아이는 스스로 성장했다. 하지만 스무 살이 된 아이에게도, 나는 여전히 '세속적으로 하찮은 일과 일시적으로 중요한 일들'과 그렇지 않은 일들을 구별하는 데 애를 먹는다. 하지만 적어도 이제는 같이 성장하는 친구가 생긴 기분이라 어깨가 덜 무겁다. 우숨터에서 전우들과 함께 읽었던 책 『어린이의 세기』는 결국 '나의 세기'를 만들어주었다.

오늘 문득, 이 책을 함께 읽었던 전우들의 안부가 궁금해진다.

현주 씨 이야기

최근 몇 달간은 첫째 아이의 사춘기의 소용돌이에서 눈물을 흘렸던 나날들이었다. 지금 너무나 힘들어하는 아이를 보면서 지나간 시간들에 대해서 후회를 하고, 내가 왜 그랬을까, 아이에게 그렇게 하지 말았어야 했는데 하면서 자책하고 있었다. 좋았던 것은 기억 못하고 못했던 것들만 떠올라 미안함과 죄책감이 파도처럼 몰아쳤다. 주변

지인들은 지나간 시간들에 대해서 죄책감을 갖지 말라고, 너무 미안해하지 말라고 얘기했지만 내 눈물은 멈추지 않았다. 이 글을 쓰는 순간에도 눈물이 난다.

큰아들은 지금 마음이 아프다. 이 긴 터널의 끝이 어디에 있을지 나는 모르겠다. 하지만 아들의 아픔으로 인해서 그동안 보지 않았던, 그동안 인정하지 않았던 우리 가족의 불편한 진실들을 마주하고 있다. 언젠가 터졌을 일… (사춘기가 시작되면서 코로나가 시작되었던 것도 아들의 힘듦에 한몫했던 것 같다.) 아들이 상담을 받으면서 들었던 이야기는 아들의 내면은 아주 튼튼하다는 것, 강하다는 것. 아이의 어린 시절을 건강하게 잘 키웠다는 것이다.

지금 이 시점에 소피로부터 연락이 왔다는 것은 나를 도와주려는 우주의 노력인 걸까. 우숨터의 기억을 떠올리면서 생각했다. '그래, 나는 내 나름의 최선을 다해서 살아왔고 충분히 사랑을 주었고 내가 할 수 있는 만큼의 최선으로 나의 세 아이를 키워 왔어!'

나는 오현주이다. 오영욱, 이계생의 오 남매 자녀들 중 셋째 딸. 현재 세 아이의 엄마이자 한 남자의 아내이자 표현예술치료사이다.

언젠가 친한 선생님으로부터 들었던 이야기. 소나무가 여러 모양으로 꺾이는 이유는 그 꺾이는 지점의 날씨나 환경적인 영향이 있어 그때마다 방향을 달리하고 지금의 수형이 된다는 것. 그리고 그렇게 생겨난 멋진 소나무는 그만큼의 값어치를 한다고 한다. 나의 삼 남매 육아의 연대기에 큰 영향을 준 것은 단언컨대 우숨터와 표현예술치료사가 된 일이다. 소나무가 꺾이듯 나의 육아 방향도 이 두 사건에 의해 변화했다.

9년 전, 나는 첫째 아이를 학교에 보내고 둘째 아들 손을 잡고 셋째를 아기띠에 메고 울면서 우숨터로 달려갔다. 하루하루가 힘에 부쳐서 매일 울었었다. 아이들을 챙기면서 짬을 내서 책을 읽었던 시간들은, 미처 책을 다 읽지 못하고 갈 때도 있었고 책장마다 밑줄 쫙쫙 그어가며 읽어 갔던 날도 있었다. 선생님과 다른 멤버들의 이야기를 들으면서 울고 웃고 서로의 생각을 나누었던 그때의 기분이 떠오른다. 나는 갈 때마다 그 당시의 고민을 하나씩 가지고 갔고 같이 아이들을 키우고 있는 다른 엄마들의 의견이 궁금했고 선생님의 현명한 이야기를 듣는 것이 너무나 행복했다.

기억에 남아 있던 한 날은, 우숨터 멤버들이 모였고 눈으로 여기저기 아이들을 따라다니다가 책 모임이 시작되었고 한 아기가 테이블 위로 기어 올라갔다. 모두 긴장된 그 순간 선생님께서 웃으시면서 하셨던 말씀이 기억이 난다.

"우리 사회에서는 어른들 모임에 아이들을 데리고 가기가 꺼려지는 것 같아요. 왠지 민폐가 되는 것 같아서지요. 하지만 아이들은 어디에서나 환영받아야 해요. 아이들 자체가 너무 소중해서일 뿐 아니라, 그렇게 자라야 성인이 되어 어디에 가든 자신이 언제나 환영받는 사람이라고 믿으며 살 수 있기 때문이에요. 그런 믿음은 중요하지요. 모든 사회생활과 관계의 기본이 되니까요."

큰 틀과 원칙 안에서 아이들을 보아야 한다는 말씀이셨다. 이에 엄마들은 테이블 위로 기어 올라간 아기를 안전하게 다 같이 지켜주었고 간식을 주고 아기도 편안한 얼굴로 내려와 우리가 엘렌 케이의 『어린이의 세기』를 읽는 동안 자유롭게 돌아다니면서 놀았다.

우숨터에서 엄마가 자신을 스스로 돌아보고 돌보는 과정은, 예술치료에서 자기 자신을 알아가는 과정과 맞닿아 있다. 어쩌면 예술치료를 접하면서 나를 알아가는 과정에 불편함 없이 자연스럽게 녹아갈 수 있었던 것은 우숨터에서 책을 읽으면서 자기를 돌아보고 이야기를 나누고 성찰하는 시간을 함께해 왔기 때문이리라. "엄마가 행복해야 행복한 아이를 키울 수 있다." 이는 내가 상담에서도 내담자에게 자주 하는 말이다. 엄마는 엄마인 존재 자체로 행복해야 하고 그러려면 소피가 우숨터에서 말했던 나를 들여다보는 작업을 끊임없이 해야 한다.

작년에 아이들에게 "엄마 책 모임 갔다 올게~"라고 얘기했을 때 둘째가 갑자기 "잔디밭 있고 강아지 두 마리 있던 거기로 가는 거야?"라고 말해 깜짝 놀란 적이 있다. 몇 번 데리고 갔던 그곳을 기억하는구나. 둘째에게도 그때의 기억, 그때의 분위기가 좋았나 보다. 뭔지 모르지만 그곳에 갔다 오면 편안하고 행복해하던 엄마의 모습을 보는 게 좋았나 보다.

우숨터의 소피가 뿌려준 씨앗으로 현재 살고 있는 지역에서 큰아이의 같은 반 엄마이면서 책을 좋아하는 엄마들 네 명이 모여 책 모임을 꾸준히 하고 있다. 그 책 모임이 벌써 5년이 다 되어가고, 우리는 최근에 우리 모임의 이름을 '해방의 맘'으로 정했더랬다.

요즈음 대한민국이라는 나라에서 한 여성으로서, 한 엄마로서 아이를 키우는 일이 쉽지 않은 것 같다. 나 역시도 아이들이 어렸을 때 고민했던 것들과 다른 차원의 고민들에 허덕이며 버티고 있는 것 같다. 이럴 때일수록 우슘터가 다시 시작되어 엄마들이 연대하고 여성으로서 스스로의 삶을 살아나갈 수 있도록 힘이 되어주었으면 한다. 그때가 되면 나도 바로 달려가 함께하리라! 9년 전 우슘터에서 함께 읽었고 중간중간 계속 펼쳐보면서 나에게 생각할 거리를 던져 주었던 책 뒤에 적어놓은 그때의 짧은 글을 옮기면서 마무리해본다.

"아이가 주는 사랑.
 책을 읽고 깊이 생각하고 사색하고 하는
 시간이 나에게 필요하다.
 아이들과 나. 우리 가족.
 가족 관계 안에서의 기준, 철학, 원칙을
 만들어가는 시작이 될 것이다."
  - 우슘터에서 볼프강 펠처의 『내 아이를 위한 부모의 작은 철학』을 읽기 시작함 -
                                           2016. 08. 21.

민아 씨 이야기

그때는 말이 유독 느렸던 큰아이가 단순히 느린 게 아니라 장애일 수도 있다는 말을 들었을 때였다. 어린 둘째를 아기띠로 업고 기저귀 가방을 메고 하루에 몇 개씩 치료센터를 다니고 있던 때여서 몸도 지치고 정신적으로는 더욱 피폐하던 때였는데 엄마들끼리 책을 읽는 모임이 있다는 동네 언니의 말에 같이 한번 가본 게 시작이었다. 처음 만나서 이런저런 이야기를 나누는데 이곳에서는 무조건 서로의 말에 "아 그렇구나." 하고 인정해줘야 한다고 했다. 그러니 우리는 이곳에서만큼은 비난하지 않고 서로를 다독여줄 수 있다고.

남들과 다른 아이를 키운다는 것은 주위 사람들의 시선을 끌 일도 많다는 것이며 또 사람들에게 상처받을 일도 많다는 뜻이다. 아이가 어릴수록 엄마들이 자기 자식과 주변 아이들의 모습에 촉각을 곤두세우고 있으니 말이다. 그러니 그때의 나는 나를 드러내는 것도 싫고 내 아이의 장애를 보여주는 건 더 두려웠고, 주변 사람들의 말 한마디에 상처받고 있을 때였다.

그 무렵 큰아이는 자기가 좋아하는 동화책의 내용을 외우고 있다가 마음이 불안하면 그 책의 내용을 중얼거리는 습관이 있었다. 한번은 놀이터에서 아이들과 그네 줄을 서서 기다리다가 힘들었는지 혼자 벤치에 앉아서 좋아하는 책의 내용을 중얼거리고 있었는데 한 엄마가 우리 아이를 놀란 눈으로 보면서 자기 아이 손을 잡아끌며 다른 곳으로 간 적도 있었다. 그러니 그때 나한테는 또래 엄마들을 만나서 우리 아이 이야기를 한다는 게 무척이나 힘든 상황이었다.

첫 만남에서 우리는 무조건 서로를 이해하고 지지해준다는 말을 듣고 집으로 돌아오는 길에 코끝이 시큰했다. 이곳에서는 내 이야기를 털어놓아도 될 것 같다는 믿음이 생기기도 했고 그 말만으로도 나에겐 위로가 되었기 때문이기도 했다. 말뿐이 아니라 실제로 우리 모임에서는 서로 다독여주고 위로해주고 우리 아이들이 잘 자랄 수 있다는 긍정적인 확언을 주고받았다.

공허한 말뿐인 위로가 아닌 좋은 책들에서 만난 문장과 사유들을 고스란히 가슴과 머리에 새겨 넣는 과정과도 같았다. 느린 아이를 키우는 내가 토로한 불안함에는 잘 자라서 훌륭한 사회 구성원이 될 수 있을 거라며 용기를 주고 동네 엄마들에게서 상처를 받았을 때는 나를 다독여주었다.

늘 내가 우울하고 슬픈 이야기만 하는데도 언제나 같은 모습으로, 따스하고 걱정 어린 눈빛으로, 안아주고 다독여주었다. 다들 진심으로 우리 아이가 잘 자라기를, 또 내가 마음의 평화를 찾기를 바랐다. 우리가 읽은 책에서 아이를 있는 모습 그대로 바라보고 존중해주라고 배웠지만 그때 나는 내 몸으로 체득되지 않은 상태에서 그저 위로를 받기 위해 우숨터에 계속 나가고 있었는데 그래도 된다고, 그게 가장 중요한 거라고 엄마의 마음이 편안한 게 가장 중요한 거라고 여전히 흔들리는 나를 안아주었다.

　그 위로의 힘이 정말 컸다. 모임이 계속될수록 나도 모르는 새 따스한 위로를 바탕으로 내 마음이 치유되고 상처가 아물고 있었나 보다. 그제야 나는 아이를 있는 모습 그대로 바라볼 수 있게 되었다. 그냥 내 얘기를 들어주고 안아주고 다독여주는 속에서 내 마음이 편안해지니까 아이를 바라보는 시선이 달라지기 시작했다. 예전에는 문제로 보이던 행동도 귀엽게 보이고 웃게 되고 아이를 안아주게 되었다. 여전히 많이 부족하고 모자라고 흔들리는 엄마이지만 아이의 발달 속도를 기다려주고 그 속도를 받아들이게 되었다.

　내가 나의 달라진 모습을 조금씩 느끼고 있을 때쯤 모임 후 집으로 가는 나에게 "쌤 웃는 모습 보니 정말 좋아요."라고 인사를 해주셨다. 그러자 그 자리에 있던 다른 분들도 내가 웃어서 행복하다고 하셨다.

　그날도 우숨터에 처음 갔을 때처럼 집에 오는 차 안에서 눈물이 났다. 그저 안아주고 위로해주는 게 이렇게 큰 힘이 되는구나, 우리는 그저 서로 안아주면 되는 거구나 하는 생각이 들었다. "운다고 달라지는 일은 아무것도 없겠지만 그래도 같이 울면 덜 창피하고 조금 힘도 되고 그러겠습니다." 나는 우숨터를 생각하면 박준 시인의 이 시 구절이 생각난다. 우리에게는 같이 울어줄 사람만 있어도 힘든 시간을 지나갈 수 있다.

육아는 한없이 행복한 일이지만 또 외롭고 힘든 일이기도 하다. 잘하고 있는 건지 이렇게 하는 게 맞는 건지 계속 불안하고, 남들은 다들 잘하고 있는 것 같은데 나만 못난 엄마라는 생각과도 싸워야 한다. 어쩌면 힘들고 외로운 그 시간을 조금 덜 힘들고 행복하게 보내려면 우리가 서로 안아주고 잘하고 있다고 보듬어주면 되는 거 아닐까. 엄마가 행복해야 아이들이 행복할 수 있으니까. 그러면 우리가 모두 행복할 수 있으니까 말이다.

성숙 씨 이야기

청소년 사춘기가 한창인 아이들을 현재 사회의 한 구성원으로 키워내는 과정이 아직까지 현재진행형이지만 가끔씩 지난 시간들을 되돌아 기억을 되짚어 본다. 두 아이들이 태어났던 순간부터 아이들이 성장하는 과정들의 기억의 조각들이 스쳐 지나가면서 추억을 떠올리며 '그때가 좋았지.' 하며 슬쩍 미소짓곤 한다. 어쩌면 이 시간들도 훗날 그 기억의 한 조각이겠지요.

추억은 늘 미화되는 마법을 가져서 엄마인 나에게는 아이들의 어린 시절이 좋은 기억으로만 남아 있는데 고등학생, 중학생 녀석들은 그 수많은 기억들 중 하나씩 끄집어내면서 "엄마가 그때 그랬어." 하는데 내 기억 속엔 없는 것들이다. 아이들은 좋은 기억보다 싫었던 기억이 더 또렷이 오랫동안 남아 있나 보다. 나름 우숨터에서 엄마 수행의 길을 잠시나마 걸어서 자부심이 있었는데 말이다. 아니 그나마 그 길이 있었기에 지금의 우리가 있지 않을까?

10여 년 전 몸이 힘든 육아가 끝날 때쯤 재취업에 도전했고 짧은 시간 성취의 기쁨을 누렸던 것도 잠시. 주변의 도움을 받을 수 있는 상황이 아니었던 터라 일과 육아 중 선택을 해야만 했다. 아니 선택지가 없었던 그 시간, 하루아침에 기관에 맡겨진 아이들이 하루가 멀다 하고 열이 나고 아프기 시작하는데 맡길 수 있는 곳도 부탁할 곳도 없었다. 그렇게 새로운 공간에서 짧은 시간을 보내고 현실을 마주할 때 나도 모르게 아이들 탓을 하는 모습을 발견하면서 이 아이들이 건강하게 잘 자라게 하려고 선택한 시간을 이렇게 보내고 싶지 않았다. 엄마인 나 자신이 편안하고 행복해야 한다는 걸 잘 알았기에 이 소중한 시간들을 어떻게 즐길 수 있을지를 고민하던 차에 우숨터를 알게 되었다. 우숨터는 꼭 필요한 시기에 찾아온 행운이었다.

우숨터에서 다양한 가치관과 생각들을 가진 사람들과 같은 책을 읽고 다른 생각을 나누다 보니 때로는 망치로 내 머릿속을 깨는 듯한 깨달음과 동시에 편협한 내 생각과 시야를 좀 더 넓히고 깨우치는 시간을 얻을 수 있었다. 외면하고 싶었던 지난 과거와 지금의 나를 깊이 있게 들여다보고 되돌아보는 시간을 만들어 준 곳이다.

이 시간들 덕분에 가족들과 서로 갈등을 나누고 이해하며 사춘기 아이들에게서 친구 이야기, 이성 친구 이야기, 여러 이야기들을 들을 수 있는 한 가정의 아내이자 엄마의 자리를 만들 수 있었다고 생각한다.

현재 고등학교에 재학 중인 첫째는 어느덧 엄마인 나보다 더 생각이 깊고 어른스러운 대견함을 지닌 아이로 자라고 있지만 엄마 앞에선 본인의 성질을 아주 제대로 부려주는 기특한 녀석이다. (가끔 자신들도 모르게 나오는 자기 또래들만의 언어는 집에서 더 편하게 나온다고 한다!)

사춘기 절정에 있는 중학생 둘째는 때로는, 아니 언제나 나를 들었다 놓았다 한다. 우리는 서로 으르렁거리지만 돌아서면 언제 그랬냐는 듯 붙어있으면서 서로의 든든한 지지자이고 아끼는 모녀 사이로 지낸다.

아이를 낳고 키우기 전까지 내가 알아서 스스로 잘 자라왔다고 자부했던 어린 시절이 있었는데 출산을 하고 양육하면서 몸이 지칠 때 이 시간들은 내가 절대 기억할 수 없는 시간이었겠구나 싶었다. 아이들이 자라면서 나의 인격 수양을 업그레이드해주는 시간들은 기억에 남아있는 나의 어릴 적 삶과 오버랩되어 순간순간 많은 생각을 하게 될 때가 있었고 지금도 그렇다. 사회 구성원의 한 사람으로 성인 하나의 인격체를 키워내는 것이 이렇게 힘든 일일 줄이야. 하지만 아이들의 존재 자체의 소중함과 감사함은 예전에도 지금도 앞으로도 잊지 않을 것이다.

아직도 여전히 나 자신도 아이들도 성장하는 중이고 앞으로도 수많은 이야기들이 만들어 지겠지만 우숨터에서 갈고닦은 자기성찰적 인생관을 간직하며 지금까지 그래왔던 것처럼 흐르는 강물처럼 자연스럽게 흘려보내며 살아가기 위해 노력할 것이다.

우숨터에서 함께했던 인생의 친구, 선배, 후배분들과 함께 울고 웃으며 나를 찾아가는 책 모임을 나누었던 그 시절 좋은 추억의 한편을 이렇게나마 잠시 되돌아볼 수 있게 해주셔서 감사합니다!

효진 씨 이야기

큰아이가 10살, 작은 아이가 6살 때였다.

갑자기 들어온 독서 모임 제안. 독서라니? 책이라니! 내가 언제 마지막으로 책을 읽었더라?? 아 아이들에게 동화책은 좀 읽어줬었지, 책을 사는 건 좋아했었다. 내 책장엔 펼쳐지지 못한 새 책들이 많았다. 중학교 땐 나름 문학 소녀라고 생각했었는데… 그런데 책 모임은 혼자 책을 읽는 거랑은 많이 다를 거니까 모르는 사람들을 만나서 함께 책을 읽고 이야기를 나누고…. 너무 싫은데ㅠㅠ 어떡하지…. 거절을 못 하고 하겠다고 했다.

우숨터는 각자 집에서 책을 읽다가 맘에 와닿은 문장에 줄을 그은 후 모임에 참석해 그것에 대해 모인 사람들과 함께 이야기를 나누는 방식으로 진행됐는데 첫 책으로 『어린이의 세기』를 읽었다. 오랜만에 책을 읽으니 쉽지 않았는지 읽다가 졸다가 그러다 다 못 읽고 우숨터에 갔다. 긴장했었고 다른 사람들의 이야기를 들으면서 나는 무슨 얘기를 해야 하나 처음에는 그 생각뿐이었던 거 같다. 그러다 시간이 지나고 선생님들과도 익숙해지면서 책과 그날그날 나누는 이야기에 집중하게 되면서 내가 얼마나 준비되지 않은 엄마인지를 절절히 느꼈고, 책을 읽고 이야기를 나누면서 나의 잘못된 육아 방식을 반성하고 더 좋은 엄마가 되려고 노력하게 됐다.

독서 모임 때 소피가 해준 얘기 중에 기억나는 게 있다. 아들이 무엇무엇을 안 해서 화가 났었다고 하니 소피는 "그건 왜 꼭 해야 하나요? 지구의 인구가 몇 억인데 그것과 반대되는 것이 옳은 나라도 있을 수 있잖아요. 어떻게 선생님의 기준이 절대적으로 옳은 거라고 확신할 수 있나요?" 이 얘기를 처음 듣자마자 나는 뒤통수를 맞은 듯이 띵했었다. 그러나 그 이야기를 듣고 깨달음을 얻었다고 해서 바로 더 나은 엄마가 되는 건 아니었다. 하지만 내가 아이들과 부딪히는 일이 있을 때 자주 나와는 다른 생각을 하고 사는 몇 억의 지구인을 생각하며 내가 지금 맞는 건지 이것이 진짜 꼭 해야 하는 건지 내 욕심이나 고집은 아닌지 자주 생각해 보게 되었다.

하나 더 기억나는 게 있다. 그날도 내가 아이들이 못하네, 안 하네 했었는데 소피가 역으로 물어왔다. "선생님은 잘하세요?" "네?" 당황했다. 이런! 나도 잘 못하면서 엄마라는 이유로 아이들을 가르치고 있었다니, 그 뒤로 무슨 책을 읽든 맘에 남는 구절들은 "너 자신을 알라."와 같은 내용들이었다. 지금도 아이들을 키우면서 속으로 나 자신에게 자주 얘기한다. '너나 잘하세요.'

독서 모임에서 읽는 책들은 주로 아이를 사랑해야 하는 이유와 방법에 관한 책, 아이들을 이해하기 위한 책, 엄마 자신을 들여다보는 책들이었다. 그러다 보니 참 많이 반성하고 후회하고 배웠었다. 내가 부족한 만큼 독서 모임을 하는 동안 아팠었다.

우숨터를 처음 시작할 때는 큰아이 때문에 힘들었었다. 여느 집처럼 둘째는 야무진데 첫째는 손도 많이 가고 작은 일에 금방 눈물을 보이고…. 그때는 몰랐지만 지금은 안다. 사실 엄마가 세운 기준에 아이가 따라 주지 않으면 키우기 힘든 아이가 된다는 것을, 부족한 엄마 때문에 아이가 더 힘들었다는 것을. 우숨터 모임이 끝나고 한참 지나고 나서 큰아이가 얘기했다. 엄마가 자기 4학년 때쯤부터 착해졌다고. 아이의 표현이지만 아이의 작은 실수에 소리를 지르는 엄마였는데 바뀐 모습이 마음 착한 엄마로 보였나 보다. 그리고 지금은 9년이 지났고 방을 안 치워도 아이들을 예쁘게 볼 수 있는 엄마가 되었고 아이들은 아마 그 전보다는 더 행복하지 않을까?

처음에 우숨터 제안을 거절했으면, 모임 초반에 도망가고 싶은 마음을 붙들지 않고 중도 하차했더라면… 아이쿠 생각만 해도 아찔하다. 우숨터를 안 했으면 나는 나의 부족함을 감추고 아닌 척하면서 공부하라고 숙제하라고 이거 왜 안 했냐고 다그치고 괴롭혔겠지, 그럼 아이들 사춘기 때 역으로 호되게 당했을 거고, 그럼 착한 엄마라는 소리도 못 들었을 거고, 지금처럼 아이들과 잘 지내지도 못했을 거다. 우숨터는 정말로 진짜로 내가 엄마로서 참 잘한 일이다.

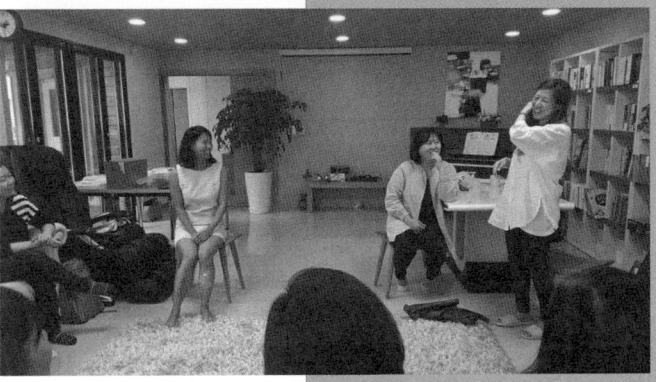

공부만
잘하는
괴물로
키울 수는
없습니다

1판 1쇄 펴낸날 2025년 11월 5일

지은이 소피(김민영)

펴낸이 나성원
펴낸곳 나비의활주로

기획 이진아콘텐츠컬렉션
책임편집 김정웅
디자인 BIG WAVE

전자우편 butterflyrun@naver.com
출판등록 제2010-000138호
상표등록 제40-1362154호
ISBN 979-11-93110-84-3 03300

※ 이 책은 저작권법에 따라 보호받는 저작물이므로 무단 전제와 무단 복제를 금지하며,
   이 책의 내용을 전부 또는 일부를 이용하려면 반드시 저작권자와 도서출판 나비의활주로의
   서면 동의를 받아야 합니다.
※ 책값은 뒤표지에 있습니다.
※ 잘못된 책은 구입하신 곳에서 바꾸어드립니다.